# Faires Streiten – lebendige Partnerschaft

## Wie Sie Konflikte besser lösen

Karin Mager

GU GRÄFE UND UNZER

# Inhalt

Inhalt

# Ein Wort an Sie

Mein Interesse am Thema »Faires Streiten« entspringt eigener Betroffenheit, denn ich bin in einem Elternhaus aufgewachsen, in dem ein äußerst destruktiver Streitstil üblich war. Auseinandersetzungen zwischen meinen Eltern endeten häufig in körperlichen Handgreiflichkeiten.
Meine Konsequenz aus diesen kindlichen Erfahrungen war, Streit um jeden Preis zu vermeiden und meine Bedürfnisse hintenanzustellen. Nach einigen mißlungenen Beziehungserfahrungen und eigener Therapie begriff ich, daß die Basis eines konstruktiven Streits ein gutes Selbstwertgefühl ist.
Denn wer sich selbst abwertet, wertet auch andere ab - und setzt damit den Teufelskreis des Sichverteidigens, des gegenseitigen Anklagens und Beschuldigens in Gang, aus dem ich Ihnen in diesem Buch einen Ausweg zeigen möchte.

Das Modell für »Faires Streiten« beruht auf dem Kommunikationskonzept der »Frauenkonferenz« nach Linda Adams und der »Familienkonferenz« nach Thomas Gordon, wie ich es in verschiedenen Seminaren kennengelernt habe. Weil ich diesen Ansatz selbst als klar, hilfreich und respektvoll anderen Menschen gegenüber erlebe, gebe ich ihn gern weiter.
Daneben fließen Gedanken aus dem Konzept der »kreativen Aggression« von George R. Bach, einem amerikanischen Paartherapeuten, mit ein. Weitere für meine persönliche und berufliche Entwicklung wichtige Anstöße bekam ich durch Michael Paula, der mir half, mein Vertrauen in mich selbst zu finden. Professor Friedemann Schulz von Thun, bei dem ich meine Diplomarbeit schrieb, und Dr. Christoph Thomann verdanke ich die wichtige Erfahrung, wie bereichernd es ist und wieviel Spaß es macht, mit Menschen zusammen zu sein, die offene und einfühlsame Kommunikation nicht nur lehren, sondern leben.

Zu einem Sprachproblem vorweg: Dieses Buch richtet sich an Frauen und Männer. Da ich es sehr umständlich finde, immer gleichzeitig die weibliche und männliche Form zu verwenden, aber auch kein Geschlecht übergehen möchte, spreche ich abwechselnd von Ihnen und Ihrem Partner beziehungsweise Ihnen und Ihrer Partnerin. Der Wechsel zwischen diesen beiden Formen erfolgt zufällig kapitelweise.

# Ein Wort an Sie

Dieser Ratgeber ist, ähnlich wie ein kleiner Kursus, linear aufgebaut.
Sie erfahren, wozu wir Faires Streiten brauchen, was die Voraussetzungen sind und welche Auswirkung es hat, wie Sie in Konfliktsituationen mit Ihren Bedürfnissen umgehen.

Dann werde ich Ihnen die Grundelemente fairer Kommunikation vorstellen. Zum einen, wie Sie sich anderen Menschen mitteilen, nämlich:

- wie Sie Ihre Gefühle und Bedürfnisse klar ausdrücken,
- wie Sie es vermeiden, Ihren Partner zu bewerten und abzuwerten,
- wie Sie störendes Verhalten beschreiben statt es zu bewerten.

Zum anderen geht es um Ihre Reaktion auf andere Menschen:

- woran Sie abwehrendes Verhalten erkennen, das heißt Verhalten, das nicht problemlösend ist,
- wie Sie einfühlend zuhören.

Darauf aufbauend lernen Sie verschiedene Vorgehensweisen zur fairen Konfliktbewältigung kennen:

- das Konfrontationsgespräch,
- das partnerschaftliche Klärungsgespräch,
- den Umgang mit Wertkonflikten.

In einem eigenen Teil des Buches wird das komplexe Thema »Fairness und Gefühle« mit seinen Auswirkungen auf die Praxis des Fairen Streitens angesprochen.
Im letzten Teil des Buches, »Faires Streiten auf einen Blick«, finden Sie ein Glossar, das es Ihnen ermöglichen soll, sich später schnell wesentliche Punkte in Erinnerung zu rufen.

Über Ihre Reaktionen auf diesen Ratgeber würde ich mich freuen. Aber jetzt erstmal viel Spaß beim Lesen!

*Karin Mager*

»Ein Paar, das eine Krise riskiert, hat plötzlich seine wesentliche Beziehung wieder. Jetzt kann es sich mitteilen - und verstehen. Vorteilhafter, als eine Krise zu bearbeiten, ist es natürlich, sie gar nicht erst aufkommen zu lassen.
Das bedeutet: auch ohne Leidensdruck für sich tätig zu werden...«

(Michael Lukas Moeller)

# Faires Streiten läßt sich lernen

# Wozu brauchen Sie Faires Streiten?

Jede Partnerschaft bringt auch Probleme mit sich und wird nicht über Jahre hinweg nur glücklich sein...
Die besten Aussichten auf eine erfüllte, im besten Sinne des Wortes »lebendige« Partnerschaft haben jene Paare, die gelernt haben, Konflikte zu lösen, bevor sie ihnen über den Kopf wachsen. Sie deuten Krisen nicht als ein Zeichen dafür, daß man nicht zusammenpaßt und sich besser trennen sollte, sondern begreifen sie als Gelegenheit, ihre Beziehung durch die gemeinsame Bewältigung von Problemen zu vertiefen.
Faires Streiten schafft die Voraussetzungen dafür, Konflikte wirklich zu lösen, statt Streitthemen endlos zu wiederholen oder sie im Untergrund schwelen zu lassen.
Manche Menschen brauchen mehrere Anläufe in Partnerschaften, um dann schließlich zu einer reiferen Einsicht über Beziehungen zu kommen. Eine Frau zu Beginn ihrer dritten Ehe: *»Es gibt nicht endlos viele gute Partner für mich, wohl aber mit jedem immer wieder ein Problem. Nämlich: Die nächste Krise lauert bestimmt.. Diesmal will ich nicht davonlaufen, um mein bißchen Sieg zu feiern. Sieger soll diese dritte Ehe sein, die eine größere Chance hat, einfach weil wir reifen. Und in der Lage sind, eine Krise als Teil einer Beziehung zu begreifen...«* (zitiert aus BRIGITTE, Nr. 16/90)

## In welcher Situation sind Sie?

Womöglich sind es ähnliche Einsichten, die Sie auf dieses Buch neugierig machen. Ihre Ausgangssituation kann dabei unterschiedlich sein:

- In Ihrer Partnerschaft »kracht« es häufig, beim Streiten fliegen die Fetzen. Es gibt dann wieder Versöhnungen, die eigentlichen Probleme werden aber nie wirklich gelöst.
- Oder aber: In Ihrer Partnerschaft werden Konflikte »unter den Teppich gekehrt«. Sie leiden unter der Entfremdung, die daraus erwächst.
- Sie sind zwar zufrieden mit Ihrer Partnerschaft, suchen aber nach Wegen, Ihre Beziehung noch mehr zu vertiefen und sie lebendiger zu gestalten.
- Oder Sie haben zur Zeit keinen Partner oder keine Partnerin, möchten aber Ihre Kommunikations- und Konfliktfähigkeit verbessern – vielleicht als Vorbereitung für das »nächste Mal«.

Die Regeln des Fairen Streitens lernen Sie in diesem Buch am Beispiel von Paarkonflikten kennen. Diese Fair-Streit-Regeln können Sie jedoch nicht nur in einer Partnerschaft, sondern tagtäglich überall brauchen - mit Kindern, Freunden, Nachbarn und am Arbeitsplatz.

## Kann man Streiten lernen?

In welcher Situation Sie sich auch befinden mögen, dieser Ratgeber soll Ihnen helfen, Wege zu finden, wie Sie auch in schwierigen Situationen auf konstruktive Weise miteinander reden und Konflikte lösen können.
Hierfür genügen nicht allein der gute Wille und die gute Absicht. Denn natürlich meinen wir es nur gut, wenn wir unserem Partner sagen, was wir bei ihm an Fehlern wahrnehmen und was *wir* meinen, daß *er* verändern müßte. Doch so funktioniert Kommunikation und Veränderung nicht. Ich vermute, nicht allzu viele von uns hatten das Glück, in einer Familie aufzuwachsen, in der es gute Vorbilder zum Erlernen offener und fairer Kommunikation gab. So spüren wir zwar oft, daß etwas schiefläuft in der Auseinandersetzung mit unserem Partner, wissen aber noch lange nicht, wie wir es anders und besser machen könnten.

### So hilft Ihnen dieses Buch

Ein Anliegen dieses Ratgebers ist es deshalb, nicht das *Warum* zu ergründen - also die psychologischen Ursachen von Paarkonflikten zu untersuchen –, sondern Ihnen anhand vieler Beispiele Hilfen zu geben, das *Wie* zu verändern, Ihnen Wege zu zeigen, wie Sie anders miteinander reden können. Dazu gehört, daß es hier nicht darum gehen wird, wie Sie Ihren Partner, sondern wie Sie Ihr eigenes Kommunikationsverhalten verändern können. Obwohl Ihnen solch ein einseitiges Vorgehen auf den ersten Blick unsinnig erscheinen mag (sind wir doch häufig überzeugt, daß das Problem vor allem beim anderen liegt) - wenn Sie damit beginnen, Ihren Streitstil zu verändern, werden Sie beobachten, wie positiv sich das auf Ihre Partnerschaft auswirkt. Am besten wäre es natürlich, Sie würden dieses Buch zusammen mit Ihrem Partner lesen, darüber sprechen und gemeinsam neues Streitverhalten ausprobieren.

### Der Umgang mit diesem Buch

Sie finden in diesem Ratgeber viele konkrete Anleitungen und Beispiele für Faires Streiten. Natürlich ist das Leben komplex und Kommunikation läßt sich nicht mit einfachen Rezepten verändern. Doch da sich viele Menschen nur schwer vorstellen können, wie sie ihre Gefühle und Empfindungen, Wünsche und Kritik anders als sonst ausdrücken können, möchte ich Ihnen anschauliche Hilfen geben für einen neuen Streitstil. Sie werden anhand der dargestellten Dialoge sehen, daß es in ganz unterschiedlichen Situationen - keineswegs nur, wenn Sie gerade ganz entspannt und gelassen sind - möglich ist, fair zu streiten. Oft ist es ein einziger Satz, in dem Sie nicht anklagen, sondern versuchen, Ihren Partner zu verstehen, der einem Streit eine positive Wendung gibt.

Bei aller Einfühlung für den anderen geht es jedoch nicht darum, Ihre Spontaneität zu dämpfen oder Sie zum »Laien-Therapeuten« zu machen, sondern darum, wie Sie sich klar und selbstbewußt ausdrücken – ohne künstlich engelhafte Stimmlage, aber mit Achtung für unser aller Verletzlichkeit.

## Streiten – eine Sache des Gefühls oder des Verstands?

Um konstruktiv miteinander streiten zu können, müssen wir verschiedene Fähigkeiten er-lernen und manche Gewohnheiten ver-lernen.

Einige Menschen haben eine großartige Fähigkeit, sich vernünftig und sachlich mit anderen auseinanderzusetzen, finden aber nur schwer Zugang zu ihren Gefühlen. Andere neigen dazu, bei Konflikten zuerst einmal ihr eigenes Verhalten in Frage zu stellen, und fühlen sich dann oft minderwertig und deprimiert. Sie müssen lernen, Ärger und Wut auf jemand anderen überhaupt erst einmal zu spüren und in einem geschützten Rahmen (zum Beispiel einer therapeutischen Gruppe) auszudrücken. Wieder andere Menschen haben eher Probleme damit, allzu schnell gereizt, ärgerlich und irrational zu reagieren.

Wie wir miteinander streiten ist eine komplexe Angelegenheit, an der viele Gefühle und Bedürfnisse beteiligt sind, die häufig nicht offengelegt und den Beteiligten auch gar nicht bewußt sind. Ich werde im dritten Teil dieses Buches einige Hinweise hierzu geben.

Der Schwerpunkt dieses Ratgebers ist die verbale Verständigung. Denn faires Streiten heißt vor allem, wie bewältigen wir Konflikte, wenn der erste Sturm der Emotionen sich gelegt hat. Probleme werden ja nicht durch Wutausbrüche und Tränen gelöst, sondern nur in einem Gespräch, bei dem zwei Menschen bereit sind, offen miteinander zu reden, sich gegenseitig zuzuhören und ineinander einzufühlen, um dann gemeinsam eine Lösung zu finden.

# Drei wichtige Fragen vorweg

Drei wichtige Fragen sind vorweg zu klären, damit Sie beim Fairen Streiten nicht in eine Sackgasse geraten:

1. Sind die Grundvoraussetzungen für Faires Streiten gegeben?
2. Um wessen Problem geht es ?
3. Wie gehen Sie mit Ihren Bedürfnissen um?

## Stimmen die Voraussetzungen?

Um Konflikte miteinander bewältigen zu können, ohne das Gefühl zu haben, immer wieder gegen eine Wand zu rennen, sollten drei Grundvoraussetzungen in Ihrer Partnerschaft gegeben sein:

Fair streiten können nur zwei miteinander, die bereit sind,
- sich Zeit zu nehmen, um über Schwierigkeiten miteinander zu sprechen,
- sich aufeinander einzustellen und sich gegenseitig Bedürfnisse zu erfüllen,
- eigenes Verhalten in Frage zu stellen und zu verändern.

Sie müssen beide Interesse daran haben, sich aufeinander einzulassen und Ihre Beziehung zu vertiefen. Gewöhnlich ist diese Bereitschaft gekoppelt mit der Zuneigung füreinander. Manchmal wehrt sich jedoch ein Partner dagegen, über Schwierigkeiten zu reden oder sich überhaupt für gemeinsame Gespräche Zeit zu nehmen. »Streiten« ist für ihn mit so negativen Erfahrungen in der Vergangenheit verknüpft, daß er sich nur äußerst ungern auf verbale Auseinandersetzungen einläßt.

Sollte das in Ihrer Partnerschaft der Fall sein, beachten Sie bitte besonders das Kapitel »Indirekte Aggression« (Seite 80).

Als zweite Voraussetzung brauchen Sie die beiderseitige Bereitschaft, sich aufeinander einzustellen und sich gegenseitig Bedürfnisse zu erfüllen.
Wenn Ihr Partner häufig zum Ausdruck bringt, daß ihm Ihre Bedürfnisse egal sind und er nicht auf sie Rücksicht nehmen will, fehlt die Basis für eine faire Auseinandersetzung und eigentlich auch für eine intime Beziehung.
Da Sie im folgenden erfahren, wie Sie Ihre Bedürfnisse klar zum Ausdruck bringen, werden Sie sich über diesen Punkt vielleicht schneller als bisher klarwerden.

Zum dritten Punkt: Ohne die Bereitschaft, bei sich selbst anzufangen, kann es in einem Konflikt keine Fortschritte geben. Solange Sie glauben, nur der andere sei schuld und müsse sich ändern, werden Sie Mühe haben, ihm zuzuhören, ohne anzuklagen. Genauso wird es Sie erbittern, wenn Ihr Partner vorwiegend beschuldigend reagiert. Statt sich nun darüber zu streiten, wer anfangen sollte mit der Veränderung, fangen Sie einfach bei sich selber an.

## Grenzen des Fairen Streitens in der Partnerschaft

Wir haben bereits festgestellt: Paare, die Konflikte aktiv angehen, haben die besten Aussichten auf eine glückliche Partnerschaft. Doch in jeder Beziehung entwickeln sich schon zu Beginn Reaktionsmuster, die sich im Laufe der Zeit verfestigen und im schlimmsten Fall zu einem schwer aufzubrechenden Panzer aus Enttäuschung, Verbitterung und Wut werden. Wenn sich ein solches negatives Kommunikationsmuster erst einmal herausgebildet hat, ist es ziemlich aussichtslos, es ohne Hilfe von außen zu verändern. Beziehungen, die schon durch endlose Grabenkämpfe vergiftet sind, brauchen fachkundige Unterstützung, um das Geflecht gegenseitiger Schuldzuweisungen und Anklagen zu entwirren. Verfallen Sie nicht dem Irrglauben, es würde mit der Zeit schon besser werden!

Zeigt Ihr Partner also über lange Zeit keine Bereitschaft zum Gespräch oder zur Veränderung problematischen Verhaltens, stellen Sie sich doch einmal die Frage, was Sie in dieser Partnerschaft bekommen: Ist es wirklich genug, um die Aufrechterhaltung einer (Schein)Beziehung zu rechtfertigen? Faires Streiten kann Ihnen hier helfen, Ihr Selbstbewußtsein zu entwickeln, um sich für Ihre Bedürfnisse und eine befriedigende Beziehung einzusetzen – oder die unumgänglichen Konsequenzen zu ziehen.

## Wer hat das Problem?

Häufig neigen wir dazu, uns die Probleme anderer Menschen zu eigen machen und für sie lösen zu wollen. Deshalb ist es wichtig zu unterscheiden zwischen Problemen, die wir haben und Problemen, die andere haben. So erhalten Sie Klarheit darüber, welche Themen »echte« Streitthemen sind, die Sie miteinander auszufechten haben.

Ihre Partnerin hat das Problem, wenn ihr Verhalten vermuten läßt, daß ihre Bedürfnisse nicht befriedigt sind. Auch wenn Sie helfen möchten, ist es wichtig, daß Sie sich bewußt darüber bleiben, daß Ihre Partnerin ihr Problem nur für sich selbst lösen kann.

**Beispiel:**

*Ihre Freundin arbeitet in einem Büro und hat viel Streß mit ihrem Vorgesetzen. Sie kommt oft völlig entmutigt nach Hause. Sie würden ihr gern helfen.*

Sie haben das Problem, wenn Sie das Verhalten Ihrer Partnerin an der Befriedigung eines Ihnen wichtigen Bedürfnisses hindert und Sie darüber ärgerlich oder traurig sind und eine Änderung ihres Verhaltens wünschen.

**Beispiel:**

*Sie haben Ihren Mann gebeten, um 19 Uhr nach Hause zu kommen, um die Betreuung der Kinder zu übernehmen und Ihnen den Wagen zu überlassen, weil Sie einen Fortbildungskurs besuchen möchten. Er kommt erst gegen halb acht.*

Bitte beachten Sie, daß es nicht darum geht, ob das geschilderte Verhalten »gut« oder »schlecht« ist (was sich oft in Bewertungen wie *»Auf dich ist kein Verlaß«* oder *»Du bist rücksichtslos«* ausdrückt). Wichtig ist, ob Ihre Bedürfnisse befriedigt werden.

Die Unterscheidung, wer das Problem hat, ist nötig, da sich daraus verschiedene Verhaltensweisen für Sie ergeben:

• Wenn Ihre Partnerin ein Problem hat, das Sie selbst nicht unmittelbar berührt, helfen Sie am besten mit Verständnis, ausgedrückt durch einfühlendes Zuhören (wie Sie das machen, werde ich später ausführlich darstellen), und indem Sie darauf vertrauen, daß sie das Problem lösen wird, wenn die Zeit reif ist. Sie brauchen also Geduld, ansonsten laufen Sie Gefahr, das zu tun, wovor Dr. Marshall Rosenberg (Begründer des Zentrums für gewaltfreie Kommunikation) warnt:

*»Der schnellste Weg, wie man jemandem helfen kann, sich noch schlechter zu fühlen, ist, ihm helfen zu wollen, sich besser zu fühlen.«.*

• Wenn Sie ein Problem haben, für das Sie auf eine Verhaltensänderung Ihrer Partnerin angewiesen sind (oder umgekehrt), also ein »Streitthema« haben, dann brauchen Sie das Know-how für Faires Streiten, das Sie in diesem Buch kennenlernen.

## Wie gehen Sie mit Ihren Bedürfnissen um?

Eine Schlüsselfrage des Fairen Streitens ist:

• Wie wirkt sich das Verhalten anderer auf die Befriedigung Ihrer Bedürfnisse aus? Was tun Sie, wenn Sie sich in der Befriedigung eines Bedürfnisses beeinträchtigt fühlen?

Wir haben verschiedene Möglichkeiten, wie wir in Konfliktsituationen mit unseren Bedürfnissen umgehen und uns für ihre Befriedigung einsetzen.
Drei Tendenzen lassen sich beobachten:

- resignativ
- aggressiv
- selbstbewußt

Wenn Sie sich beobachten, werden Sie feststellen, daß Sie eine Grundtendenz haben, wie Sie mit Konflikten in Ihrer Partnerschaft umgehen.
Ich will an einem Alltagsbeispiel diese drei unterschiedlichen Verhaltensweisen erläutern:

*Sie entspannen sich am Abend am liebsten bei klassischer Musik. Ihr Partner hört lieber Jazz und bezeichnet Ihre Musik als langweiliges Gesäusel.*
Wie verhalten Sie sich?

## Resignatives Verhalten

*Sie hören gemeinsam Jazz, obwohl es Sie nervt und Sie nicht dabei entspannen können. Innerlich grollen Sie und denken, daß er immer seinen Willen durchsetzt, sagen aber nichts.*

Sie sind schnell bereit, sich mit etwas abzufinden, auch wenn Sie sich damit nicht wohlfühlen. Sie sind deswegen oft frustriert und versteckt aggressiv, da Sie sich den Bedürfnissen anderer anpassen und Ihre eigenen Bedürfnisse nicht oder nur zaghaft ausdrücken. Langfristig schaden Sie Ihrer Beziehung, wenn Sie Ihre Gefühle und Wünsche nicht ausdrücken und Konflikte vermeiden, weil Sie sich dadurch Ihrem Partner entfremden und viel Groll ansammeln. Hin und wieder explodieren Sie, worauf Ihr Partner allerdings mit Unverständnis reagiert, da er gar nicht mitbekam, wie oft Sie zurückgesteckt haben.

Resignatives Verhalten heißt, ich informiere andere nicht über meine Bedürfnisse, erwarte aber insgeheim, daß sie sie erfüllen und bin enttäuscht, wenn sie das nicht tun.

Resignative Menschen argumentieren häufig so: »Wenn ich erst um etwas bitten muß, verzichte ich lieber darauf. Ich möchte, daß er/sie von sich aus spürt, was ich brauche.« Natürlich ist es sehr schön, wenn der andere manchmal genau das tut, was wir uns insgeheim wünschen. Wenn das jedoch zu einer Forderung an andere wird, übertragen Sie die Verantwortung für Ihr Wohlbefinden auf Ihren Partner, und das wird nicht lange gutgehen. Unausgesprochene Erwartungen sind die Ursache für viele Frustrationen in Beziehungen.

## Aggressives Verhalten

*Sie sagen Ihrem Partner, der gerade dabei ist, eine neue Jazz-CD aufzulegen, daß er rücksichtslos und egoistisch ist und bestehen auf Ihrer klassischen Musik. Er reagiert gekränkt oder verärgert.*

Sie setzen Ihre Bedürfnisse mit Macht durch und drücken sich dabei so aus, daß Ihr Partner sich gekränkt, verletzt und abgewertet fühlt. Sich mit Macht durchzusetzen geht immer auf Kosten der Beziehung, denn Ihr Partner wird offen oder insgeheim Groll ansammeln und nun seinerseits wahrscheinlich aggressiv oder resignativ reagieren.

Aggressives Verhalten resultiert letztlich aus der Angst, sich nicht auf andere Weise behaupten zu können, ist also im Grunde resignativ – um nicht zu unterliegen, gebe ich gleich von vornherein eins drauf.

Mit beiden Verhaltensweisen werten Sie Ihren Partner als ein kooperationsbereites Gegenüber ab - gewöhnlich jedoch nicht bewußt, sondern weil Sie es nicht anders können. Aggressives Verhalten ist genauso wie resignatives Verhalten ein gelerntes Verhaltensmuster, das wir uns schon früh in unserem Leben angeeignet haben.

Beide Verhaltensweisen – die aggressive wie die resignative Form – dienen dem Selbstschutz und mögen Ihnen in vielen Situationen tauglich erscheinen. Doch es gibt einen dritten Weg, der langfristig Ihre Partnerschaft mehr festigt, wenn er auf den ersten Blick auch als der schwierigste und riskanteste erscheint.

## Selbstbewußtes Verhalten

*Sie erklären Ihrem Partner, daß Sie abends zur Entspannung lieber klassische Musik hören möchten und finden in der Auseinandersetzung miteinander eine für Sie beide befriedigende Lösung. Zum Beispiel hören Sie abwechselnd einen Abend lang Jazz und dann einen Abend klassische Musik. Oder Sie sagen einander, welche klassische und welche Jazz-Musik für Sie akzeptabel ist und welche Sie nicht hören mögen.*

Selbstbewußtes Verhalten heißt, Sie wissen genau, was Sie wollen und setzen sich dafür ein, daß Ihre Bedürfnisse befriedigt werden unter Respektierung der Bedürfnisse des anderen. Um Ihrer beider Bedürfnisse »unter einen Hut zu bringen«, verhandeln Sie bei Differenzen fair miteinander.

### Kleine Selbstbefragung

Bevor Sie weiterlesen, überlegen Sie einmal kurz, als welchen Selbstbehauptungstyp Sie sich selbst einschätzen:

- Sind Sie jemand, der (vor)schnell zu Zugeständnissen bereit und dann insgeheim unzufrieden ist?
- Ist es Ihnen selbstverständlich, so lange miteinander zu verhandeln, bis Sie beide zufrieden sind?
- Ist es Ihr erstes Anliegen, andere zufriedenzustellen?
- Nehmen Sie Ihre Gefühle von Unwohlsein oder Ärger so wichtig, daß Sie sie auf jeden Fall Ihrem Partner mitteilen würden?
- Finden Sie, daß das viele Reden bloß Probleme schafft, statt sie zu lösen?

### Ausblick

Hier schon einmal eine Zusammenfassung der Kernpunkte fairer Kommunikation, um die es im folgenden immer wieder gehen wird:

- Mein Anliegen in Ich-Aussagen statt in Du-Botschaften mitteilen
- Meine Gefühle und Bedürfnisse ausdrücken
- Auf Abwertungen meines Partners verzichten und stattdessen die Situation oder das Verhalten beschreiben, das mich stört
- Mich mit Verhaltensanweisungen zurückhalten
- Einfühlend zuhören

# Grundelemente des Fairen Streitens

Wahrscheinlich haben Sie selbst auch schon die leidvolle Erfahrung gemacht, wie aus einer alltäglichen Situation heraus plötzlich eine unerfreuliche Auseinandersetzung entsteht.

**Beispiel: Der neue Teppichboden**

Christian und Dora befinden sich im Möbelhaus beim Aussuchen eines neuen Teppichbodens.

Er: *»Ich bin für den Braunmelierten. Da sieht man keine Flecken, und braun ist so gemütlich.«*

Sie: *»Um Gottes Willen! Was hast Du für einen Geschmack! Braunmeliert ist doch richtig bieder. Stell' Dir mal vor, wie das aussieht, die ganze Wohnung in dieser Farbe.«*

Er: *»Ich weiß ja, daß Du das, was ich mag, grundsätzlich nie gut findest. Welchen willst Du denn?«*

Sie.: *»Ich fände einen hellblauen Teppich sehr schön. Ich wollte schon immer mal so einen Teppich haben.«*

Er: *»Hellblau?! Das ist doch total kalt. Nein, so eine Farbe kommt nicht in Frage!«*

Sie: *»Da kann man mal wieder sehen, wie verschieden wir sind. Vielleicht sollten wir uns besser zwei getrennte Wohnungen einrichten. Du in braunmeliert und ich in hellblau. Wäre doch lustig, oder?«*

Was ist hier schiefgelaufen? Ausgehend von einer scheinbar unverfänglichen Situation geraten Christian und Dora in einen Streit, in dem sie fast ihr Zusammenleben in Frage stellen. Selbst wenn sie sich bald wieder versöhnen, wird die Frustration über die gegenseitige Abwertung nachwirken.

Wie lassen sich solche Szenen verhindern?

Wir brauchen Alternativen zu unseren herkömmlichen Verhaltensmustern, um unseren Partnern vermitteln zu können, daß wir wohlgesonnen sind und die Absicht haben,

- sie zu informieren, zu unterstützen und mit ihnen zu kooperien,
- ohne sie zu beschuldigen, abzuwerten oder zu beherrschen.

Bei der fairen Kommunikation konzentrieren wir uns deshalb auf zwei Hauptaspekte:

- Wie teilen wir uns anderen mit?
- Wie reagieren wir auf andere?

Danach werden Sie Strategien zur Bewältigung von Konflikten kennenlernen, die sich aus der Verbindung dieser beiden Fähigkeiten ergeben.

## Sich anderen mitteilen

Es gibt zwei in ihren Auswirkungen auf andere Menschen sehr verschiedene Möglichkeiten, sich mitzuteilen, die wir als »Ich-Sprache« und als »Du-Sprache« bezeichnen wollen. In der Ich-Sprache verwenden wir Ich-Aussagen, in der Du-Sprache Du-Botschaften. Vorrangiges Ziel der fairen Kommunikation ist es, Ihnen dabei zu helfen, die Du-Sprache zu verlernen und die Ich-Sprache auszuweiten.

### Du-Sprache vermeiden

*»Nie hörst Du mir zu!« – »Du bist ein schrecklicher Perfektionist!« – »Mußt Du immer das letzte Wort haben!«* – das sind Beispiele für Du-Botschaften. Die Du-Sprache ist eine sehr bequeme Sprachform, hervorragend geeignet, eigene Verantwortung abzuschieben und andere zu beschämen und ihnen Schuldgefühle zu machen. In der Du-Sprache sagen wir nicht, wie es uns selbst geht, sondern was wir bei anderen an Fehlern wahrzunehmen meinen. Sie ist die Sprache des Ärgers und der Wut, der Abwertung anderer und der Vorwürfe. Auf Du-Botschaften antwortet unser Gegenüber häufig ebenfalls in Du-Botschaften.
Der Fokus unserer Aufmerksamkeit ist in der Du-Sprache die andere Person – denn es ist allemal sicherer und bequemer, über andere zu reden, als etwas von uns selbst preiszugeben. Und zugegeben: manchmal ist es sehr befreiend, jemandem mal »so richtig die Meinung zu sagen«. Du-Botschaften dienen also auch der Entladung von Ärger und Wut und das hat hin und wieder sicher seine Berechtigung (→ Seite 77).
Wir haben dieses Kommunikationsmuster in der Kindheit gelernt und es ist uns so geläufig, daß wir einige Zeit brauchen werden, um um uns wieder davon zu lösen.

**Beispiele für Du-Botschaften:**
Botschaft von Sabine an ihren Freund Heinz nach einem Abend bei Freunden: *»Du benimmst Dich manchmal wie ein nervendes vorlautes Kind. Ich glaube, Du versuchst absichtlich, mich zu ärgern. Immer lenkst Du alle Aufmerksamkeit auf Dich.«*
Georg kommt in das Zimmer von Else, seiner Frau: *»Du hast schon wieder die Heizung voll aufgedreht. Du weißt doch, wie hoch die Heizungsrechnung für das letzte Jahr war. Kannst Du denn nicht mal ein bißchen aufpassen.«*

Wenn wir uns mit Hilfe solcher Du-Botschaften aggressiv durchsetzen – oder auch durch Beleidigt- und Gekränktsein indirekt aggressiv – dann werden unsere Bedürfnisse im Moment vielleicht

erfüllt, langfristig zerstören wir aber durch dieses Verhalten die Vertrauensbasis.
Du-Botschaften funktionieren - wenn überhaupt - nur auf Kosten der Beziehung.

## Ich-Sprache anwenden

In der Ich-Sprache dagegen, der »Sprache des Herzens«, wie Dr. Marshall Rosenberg sie nennt, ist die Aufmerksamkeit auf unsere eigenen Bedürfnisse gerichtet, denn nur über unsere eigenen Bedürfnisse können wir wirklich verläßlich Auskunft geben. Statt anderen mit Du-Botschaften zu sagen, welche Fehler und Charaktermängel sie haben, sagen wir mit Ich-Aussagen, was wir uns wünschen und von ihnen brauchen.
Dr. Marshall Rosenberg hat dafür eine treffende Formulierung: *»Anderen sagen, was sie tun können, um das Leben für uns schöner zu machen.«*

An dieser Stelle habe ich schon des öfteren den Einwand gehört, das ist doch egoistisch, nur von mir selbst zu reden und gar von anderen zu wollen, daß »sie mir das Leben schöner machen«. Egoistisch wäre es, wenn Sie von jemandem *fordern*, er müsse tun, was Sie möchten. Ihm zu sagen, was Sie möchten und ihm dann die Freiheit zu lassen, darauf einzugehen oder nicht, vereinfacht die Kommunikation dagegen erheblich. Denn indem Sie sagen, was Sie möchten oder brauchen, weiß Ihr Partner, woran er ist und womit er Ihnen wirklich eine Freude machen kann. Er ist dann nicht auf Gedankenlesen angewiesen, was ja meist nicht klappt, wenn auch viele Menschen den Wunsch haben, daß Kommunikation so funktionieren sollte (»Er liest mir jeden Wunsch von den Augen ab.«) Zu hoffen, daß der andere Ihre Wünsche errät, bevor Sie sie äußern, ist eine gute Methode, sich selber unglücklich zu machen, denn Sie werden oft nicht bekommen, was Sie brauchen.

Ich-Aussagen verlangen viel Bewußtheit über uns selbst und was gegenwärtig für uns wichtig ist. In Ich-Sprache drücken wir etwas von unserer Lebensenergie aus, indem wir anderen mitteilen, welche Gefühle, Wünsche, Bedürfnisse und Gedanken wir haben.

### Beispiele für Ich-Aussagen:

Um dies alles anschaulich zu machen, greife ich nochmal die beiden Beispiele von oben auf.

Eine Ich-Aussage von Sabine an Heinz nach dem Abend bei Freunden könnte lauten: *»Ich ärgere mich, wenn Du mich so oft unterbrichst und scherzhafte Bemerkungen machst, wenn ich etwas erzähle, was mir wichtig ist. Vorhin fühlte ich mich sehr verletzt als Du im Beisein von Charlotte die Bemerkung ...* (Zitat) *gemacht hast.«*

Wenn Sie sich auf eine Bemerkung Ihres Partners beziehen, zitieren Sie ihn am besten wortwörtlich, weil das die sachlichste Form ist, eine Situation unverzerrt zu schildern.

• Georgs Ich-Aussage an Else könnte lauten: *»Mir ist es hier viel zu warm. Ich sehe, Du hast die Heizung auf die höchste Stufe gestellt. Ich denke an die hohe Rechnung vom letzten Jahr und möchte gern, daß wir mit dem Heizen etwas sparsamer sind. Was hältst Du davon?«*

Folgende Punkte sollten Sie bei Ich-Aussagen beachten:

- Sich direkt an die betroffene Person wenden und am besten persönlich miteinander reden
- Selbstöffnung durch den Ausdruck von Gefühlen, Bedürfnissen und Wünschen
- Keine Abwertungen und Beurteilungen anderer – Vorsicht vor Du-Botschaften
- Beschreibung des störenden Verhaltens oder der Problemsituation
- Statt Schuldzuweisungen zu machen, beschreiben wie sich das störende Verhalten auf Sie auswirkt
- Verzicht auf abschwächende, übertreibende und verallgemeinernde Formulierungen
- Anderen keine Verhaltensanweisungen geben

## Bedürfnisse ausdrücken

*»Wenn Du irgendein Thema verwirren willst, kann ich Dir sagen, wie man so etwas am besten macht: Vermische das, was ich tue, mit dem, wie Du darauf reagierst.« (Dr. Marshall Rosenberg)*

Zwischenmenschliche Konflikte entstehen, wenn eine Person für die Befriedigung ihres Bedürfnisses auf eine andere angewiesen ist, diese aber im Moment nicht bereit ist, dieses Bedürfnis zu befriedigen, sich also auf die andere Person einzustellen. Der Konflikt entsteht erst in dem Moment, wo wir nicht akzeptieren und darunter leiden, daß andere Menschen nicht tun, was wir von ihnen erwarten oder brauchen.

**Beispiel:**
*Lea möchte gern den Abend mit ihrem Freund Gerhard verbringen, er möchte aber noch arbeiten. Sie ist darüber enttäuscht, weil sie meint, Gerhard nehme sich nicht genug Zeit für sie.*

Wenn Lea ihre Enttäuschung Gerhard nicht mitteilt, schwelt der Konflikt im Untergrund weiter. Erst durch den Ausdruck ihrer Gefühle wird deutlich, was in ihr vorgeht und welche Erwartungen sie an ihn hat.

Nicht der direkte Ausdruck von Bedürfnissen und Gefühlen schafft Probleme, sondern der indirekte. Selbstöffnung heißt, ich spreche von mir, meinen Gefühlen, Bedürfnissen und Wünschen in Form von Ich-Aussagen (*»Ich möchte /wünsche /brauche..., weil...«*), anstatt dem anderen Vorwürfe zu machen.
Lea könnte also zu Gerhard sagen:
*»Ich bin traurig, weil ich den Abend gern mit Dir verbracht hätte. Ich wünsche mir, bald etwas gemeinsam zu machen.«*

### Gefühle mitteilen

Oft gibt es eine ziemliche Verwirrung darüber, was Gefühle eigentlich sind. Ein wichtiger Aspekt ist: Gefühle lassen sich körperlich wahrnehmen, insbesondere wenn wir uns auf ihre vier Grundtönungen beschränken, die wir als elementare Gefühle bezeichnen:
- Zuneigung und Freude,
- Angst und Furcht,
- Ärger und Wut,
- Trauer und Abschiedsschmerz.

Wenn Sie Ihrer Partnerin sagen, welche Grundtönung Ihr Gefühl hat - ob zum Beispiel eher ärgerlich oder traurig -, kann sie sich besser einfühlen. Womöglich beobachten Sie, daß sich Ihr Gefühl verändert, wenn Sie es mitteilen. Vielleicht verraucht Ihr Ärger

## Niemand kann mir Gefühle »machen«

Gefühle resultieren aus den Bedürfnissen, die wir haben, und sind Ausdruck unseres subjektiven Erlebens. Wir sind selbst verantwortlich für das, was wir fühlen, auch wenn es viele Situation im Leben gibt, wo es uns so scheint, als wenn jemand anders uns ärgert oder traurig macht und wir dann oft geneigt sind zu sagen: *»Du machst mich ärgerlich«* oder *»Du machst mich traurig«* statt *»Ich ärgere mich über Dich«* oder *»Ich bin traurig«*.
Auch wenn diese Sichtweise neu und ungewohnt für Sie sein mag – es ist wichtig, sie beim Fairen Streiten zu beachten!

oder Ihre Wut läßt nach, sobald Sie sie ausgedrückt haben. Ob andere Ihr Bedürfnis erfüllen, ist dann oft - wenn auch natürlich nicht immer - nicht mehr so wichtig. Es geht um Ihre Selbstöffnung.
Wenn Sie sagen, wie Sie sich fühlen, kann Ihre Partnerin Ihnen mit mehr Anteilnahme zuhören, als wenn Sie sie mit Sätzen wie *»Du machst mich wütend«* zur Verursacherin Ihrer Gefühle erklären. Sagen Sie dagegen *»Ich bin wütend«*, lassen Sie offen, wodurch Ihre Wut ausgelöst wurde. Deshalb ist es so wichtig, keine anschuldigenden Formulierungen zu gebrauchen.

Beispiele für abwertende Du-Botschaften anstelle eines Ausdrucks von Gefühlen:
*»Ich habe das Gefühl, daß Du es nicht magst, wenn ich das ganze Wochenende unterwegs bin.«*
*»Ich spüre, daß Du jetzt lieber gehen möchtest.«.*
*»Ich fühle, daß ich Dir auf die Nerven gehe.«*
Auch wenn die Satzeinleitung beansprucht, ein Gefühl auszudrücken, sind diese Sätze keine Aussagen über Gefühle, sondern Bewertungen und Vermutungen über das Verhalten anderer. Das Gleiche gilt für Begriffe wie *»Ich fühle mich ausgenutzt / übergangen / ausgeschlossen / betrogen / bloßgestellt usw.«*, die dem anderen eine abwertende Handlung unterstellen.

Auch eine Formulierung wie *»Ich habe ein gutes/schlechtes Gefühl, was unsere Beziehung angeht.«* ist eine Bewertung und kein Gefühl.
Da dies ein schwieriges Thema ist, hier einige Beispiele für Gefühle, die wir haben, wenn unsere Bedürfnisse nicht befriedigt werden:
*(Ich bin/ich fühle mich...) ärgerlich, enttäuscht, wütend, traurig, niedergeschlagen, ängstlich, entmutigt, frustriert, bekümmert, verzweifelt.*
Mehr zum Thema Gefühle ab Seite 70.

**• Übung**

Jetzt können Sie kurz testen, ob Sie verstanden haben, mit welchen Aussagen Sie sich öffnen, indem Sie Ihre Gefühle nennen, und welche dagegen Anschuldigungen sind.

In welchen Aussagen werden Gefühle konkret benannt?

*1. Ich habe Angst, wenn Du in dieser Lautstärke und diesem Tonfall mit mir redest.*

*2. Ich fühle mich übergangen, wenn Du Dich mit Till und Ursula triffst, ohne mich zu fragen, ob ich mitkommen möchte.*

*3. Ich fühle deutlich, daß Du mit unserer Vereinbarung nicht wirklich einverstanden bist.*

*4. Mich ärgert, wenn Du alle paar Minuten auf die Fernbedienung tippst und das Programm wechselst.*

*5. Du machst mich wütend mit Deiner Nörgelei.*

(Auflösung: Die Sätze 1 und 4 sind klare Aussagen über Gefühle, die Sätze 2 und 5 sind Anschuldigungen, Satz 3 ist eine Behauptung.)

Womöglich sagen Sie jetzt, das ist ganz schön kompliziert! In vielen Alltagssituationen wird Ihre Partnerin es akzeptieren, wenn Sie Ihre Gefühle auf die Ihnen vertraute Weise ausdrücken. Wir sind alle gewohnt, innerlich zu *übersetzen*, was andere sagen wollen. Wichtig ist, zu wissen, wie Sie vermeiden können, einen Konflikt zu schüren – indem Sie auf Anschuldigungen verzichten, die Ihre Partnerin zur Verursacherin Ihrer Gefühle erklären, und stattdessen Ihr Gefühl benennen. Also statt *»Du machst mich traurig« – »Ich bin traurig«.*

## Du-Botschaften übersetzen

*»Alle Beurteilungen anderer sind der tragische Ausdruck unserer eigenen unerfüllten Bedürfnisse.«*
(Dr. Marshall Rosenberg)

Ich habe Sie einige Seiten vorher bereits mit Du-Botschaften vertraut gemacht. Nun möchte ich diese Art von Aussagen und mögliche Reaktionen darauf noch ausführlicher beschreiben, damit Sie eigene und fremde Du-Botschaften im Gespräch erkennen und mit ihnen umgehen lernen.

> Obwohl sie Du-Botschaften genannt werden, ist das Kennzeichen einer Du-Botschaft nicht, daß sie mit »Du« beginnt - auch wenn das häufig der Fall ist -, sondern die Beurteilung und Abwertung einer anderen Person.

Häufig beginnen Du-Botschaften auch mit Einleitungen wie
*»Ich glaube, Du willst...*(mal wieder mit dem Kopf durch die Wand)«
*»Ich finde, Du bist...*(einfach nicht entschieden genug gegenüber den Kindern)«
*»Ich habe das Gefühl, Du hast...*(für diese Sache einfach nicht die notwendige Geduld)«

**Beispiele:**
Auf die Frage, ob es bald Abendessen gibt;
Du-Botschaft: *»Du erwartest immer, daß ich mich um alles kümmere.«*
Eine Ich-Aussage wäre dagegen: *»Ich würde mich freuen, wenn Du Dich um das Essen kümmern würdest. Ich möchte diesen Brief gern fertigschreiben.«*
Er schaut gerade einen Krimi an;
Du-Botschaft: *»Du interessiert Dich gar nicht mehr für mich. Immer sitzt Du vor dem Fernseher.«*

Dagegen Ich-Aussage: *»Ich würde gern etwas mit Dir zusammen machen. Wir haben uns die ganze Woche so wenig gesehen, und ich habe mich darauf gefreut, daß wir dieses Wochenende mal keine Verabredung haben.«*

Die Küche ist nicht aufgeräumt;
Du-Botschaft: *»Auf Dich ist einfach kein Verlaß. Wieso kannst Du nicht vorher sagen, daß Du keine Lust hast, das Geschirr zu spülen.«*
Dagegen Ich-Aussage: *»Ich bin verärgert, daß das Geschirr noch dasteht, obwohl Du versprochen hattest, heute die Küche zu machen.«*

In allen drei Beispielen sind die Du-Botschaften Vorwürfe und Unterstellungen. Mit Du-Botschaften beurteilen und ettikettieren wir andere und versuchen sie durch Erzeugung von Furcht, Schuld oder Scham dazu zu veranlassen, daß sie etwas tun, was wir möchten. Erfolg haben wir damit natürlich nur begrenzt.

### Die Bitte hinter der Du-Botschaft hören

Hinter jeder Du-Botschaft steht auch eine Bitte. Wenn Sie sich angewöhnen, Ihre Aufmerksamkeit auf diese Bitte zu richten, wird es Ihnen leichter fallen, nicht auf den kränkenden und abwertenden Teil der Aussage »anzuspringen«. Eine Möglichkeit, wenn Sie eine Du-Botschaft hören, besteht darin, diese Bitte gedanklich zu »übersetzen«. (Eine andere Möglichkeit werden Sie später im Kapitel »Einfühlendes Zuhören« kennenlernen.)
Betrachten Sie hierzu nochmal die Beispiele aus dem letzten Abschnitt. Im ersten Beispiel war die Antwort auf die Frage, ob es bald Abendessen gibt, die Du-Botschaft: *»Du erwartest immer, daß ich mich um alles kümmere.«*
Wenn Sie ihre Aufmerksamkeit auf die unausgesprochene Bitte Ihres Partners richten, könnten Sie so reagieren: *»Möchtest Du gern, daß ich mich heute um das Essen kümmere?«*

**• Übung**
Bitte formulieren Sie nun zur Übung Ihre Reaktion auf die Bitten, die Sie in den beiden anderen Beispielen wahrnehmen:

1. Du-Botschaft:
*»Du interessiert Dich gar nicht mehr für mich. Immer sitzt Du vor dem Fernseher.«*
2. Du-Botschaft:
*»Auf Dich ist einfach kein Verlaß. Wieso kannst Du nicht vor-her sagen, daß Du keine Lust hast, das Geschirr zu spülen.«*

Ihre Reaktion könnte lauten:
1. Beispiel:
*»Möchtest Du, daß wir etwas zusammen machen?«*

## Du-Botschaften sind wie Benzin in ein offenes Feuer

In einer grundsätzlich wohlwollenden Beziehung tolerieren wir auch einen gewissen Anteil an Du-Botschaften. Sobald die Mißverständnisse zunehmen, schüren wir mit Du-Botschaften allerdings den Konflikt. Sie sind dann wie Benzin in ein offenes Feuer.
In einer solchen Situation sollten Sie sehr bewußt auf Ihre Du-Botschaften achten und sie »übersetzen« in Ich-Aussagen.
Leider ist es meist eher so: Je mehr sich ein Konflikt zuspitzt und je vertrauter uns der andere ist, desto mehr finden wir mit sicherem Gespür die verletzbaren Stellen des anderen und attackieren ihn mit kränkenden Du-Botschaften.
Vielleicht wenden Sie jetzt ein:
*»Wenn ich mich gerade sehr über jemanden ärgere, kann ich doch nicht über jedes Wort nachdenken, das ich sage. Ich sage dann einfach, was mir in den Sinn kommt.«*
Der Grund für diesen scheinbar »unkontrollierbaren« Ärger ist häufig, daß wir nicht frühzeitig genug Dinge ansprechen, die uns stören. Stattdessen warten wir, bis sich die unerfreuliche Situation zugespitzt hat und nehmen dann dem anderen übel, daß er nicht von selbst merkt, was uns stört. In diesem Moment haben wir unseren Ärger tatsächlich nicht mehr so unter Kontrolle.
Frühzeitig störendes Verhalten anzusprechen, ermöglicht es uns, leichter einen sachlichen und angemessenen Ton zu finden.

2. Beispiel:
*»Wäre es Dir lieber, daß ich, wenn ich mit Spülen an der Reihe bin, das Geschirr sofort spüle?«*

Dieses Umschalten wird später noch ausführlicher dargestellt.

## Übertreiben und Verallgemeinern

Zwei weitere deutliche Kennzeichen für Abwertungen in Form von Du-Botschaften sind das Übertreiben und Verallgemeinern. Übertreibungen erkennen Sie an Wörtern wie:
*immer, nie, schon wieder, ständig, wenn Du wenigstens, typisch.*

**Beispiele:**
*»Du mußt immer an mir herummeckern.«*
*»Nie kannst Du mich mal in Ruhe die Zeitung lesen lassen.«*
*»Das ist mal wieder typisch für Deinen Überperfektionismus!«*
*» Du verstreust schon wieder Deine Sachen im ganzen Raum.«*

Uns mag es so erscheinen, als wenn wir über Tatsachen reden, für den anderen sind es Signale, sich zu verteidigen oder zum Gegenangriff überzugehen.

Auch Verallgemeinerungen - erkennbar an Formulierungen mit *man, ihr, wir* - sind, obwohl sehr indirekt ausgedrückt, versteckte Abwertungen:
*»Man macht das nicht. Das gehört sich einfach nicht!«*
Dahinter steht unausgesprochen die Aussage: »Was Du tust ist ungehörig. Ich weiß, was sich gehört.«
*»Ihr Frauen (Männer) seid doch alle gleich. Nie sagen sie, was sie wirklich wollen.«*
Dahinter steht unausgesprochen:
»Du bist so (unehrlich) wie alle Frauen (Männer).«

Verallgemeinerungen sind heimtückisch, weil wir hiermit in Anspruch nehmen, daß nicht nur wir das Verhalten unseres Partners kritisieren, sondern daß es sich um ein allgemeingültiges Gesetz handelt und/oder andere unsere Meinung teilen.

In diesem Zusammenhang jedoch noch eine wichtige Empfehlung: Verzeihen Sie es sich, wenn Sie sich selbst bei Du-Botschaften ertappen. Es genügt, wenn Sie erkennen, daß Sie wieder in Du-Botschaften verfallen sind und auf die Reaktion achten, die Sie damit bei Ihrem Partner auslösen. Wenn Sie beobachten, welche heftige Gegenwehr Sie bewirken, wird Sie das – so vermute ich – motivieren, wieder auf Ich-Sprache umzuschalten. Um tiefeingefahrene Kommunikationsmuster zu verlernen, braucht es einige Zeit. Da die Basis des fairen Streitens eine gute Beziehung *zu uns selbst* ist, sollten wir uns nicht mit Selbstvorwürfen »heruntermachen«. Gehen Sie liebevoll mit sich selbst um!

## Sich selbst abwerten

Sie können sich auch selbst abwerten und die Wirksamkeit Ihrer Aussagen vermindern, nämlich indem Sie Ihr Anliegen abschwächen mit Wörtern wie *eigentlich, vielleicht, ein bißchen, etwas, eventuell.*

**Beispiele:**
*»Ich hätte es eigentlich gern gesehen, wenn Du....«*
*»Hast Du vielleicht etwas Zeit für mich? Ich würde gern, wenn's Dir recht ist, noch was mit Dir bereden.«*
Solche vorsichtigen Formulierungen scheinen Ausdruck von höflicher Zurückhaltung zu sein. Sie verringern damit aber die Wichtigkeit Ihres Bedürfnisses und die Wirksamkeit Ihrer Ich-Aussage.
In Untersuchungen über Frauen- und Männersprache wurde festgestellt, daß Frauen häufig solche abschwächenden Formulierungen benutzen. Mit diesen Verkleinerungsformen begeben wir uns von vornherein in eine unterlegene Position. Und beim Fairen Streiten geht es keineswegs – wie von manchen irrtümlich angenommen wird – darum, uns zurückzunehmen, sondern klar und abwertungsfrei unsere Bedürfnisse mitzuteilen.

**• Übung: Abwertungsfrei formulieren**
*Ihr Partner kommt eine halbe Stunde zu spät in das verabredete Lokal. Sie sind sehr verärgert, weil er zugesichert hatte, pünktlich zu sein.*
Eine selbstabschwächende Aussage wäre: *»Ich hatte mir eigentlich gewünscht, Du wärst diesmal ein bißchen pünktlicher..«*

Eine Du-Botschaft wäre: *»Das ist mal wieder typisch für Dich. Du schaffst es nie, pünktlich zu sein!«*

Was würden Sie sagen? (Achten Sie darauf, über Ihre Gefühle zu sprechen.)

Die Ich-Aussage könnte lauten:
*»Ich bin verärgert, weil Du mir versprochen hattest, Du würdest mich nicht warten lassen.«*

## Störendes Verhalten beschreiben

Sie haben jetzt erfahren, wie Sie die Bedürfnisse anderer – und Ihre eigenen – nicht abwerten. Nun werden Sie sich womöglich fragen: Wenn ich nicht in der Form von Bewertungen sprechen darf, wie kann ich dann ausdrücken, wenn mich etwas stört oder mir ein Verhalten meines Partners nicht paßt?

**Beispiel:**
*Ihr Partner hat die Balkontür zu Ihrem Arbeitszimmer offengelassen. In einem heftigen Luftzug wurden Ihre Papiere durcheinandergeblasen. Sie hatten einige Zeit zu tun, sie wieder zu ordnen. Was sagen Sie zu ihm?*
*Bitte überlegen Sie einen Moment für sich, bevor Sie weiterlesen, und notieren Sie Ihre Antwort.*

Wahrscheinlich werden Sie jetzt nicht mehr Du-Botschaften wie diese formulieren: *»Du hast mal wieder völlig gedankenlos alles offenstehen gelassen.«* Optimal wäre es, wenn Sie nur den Sachverhalt schildern würden, also

• die sinnlich wahrnehmbaren Tatsachen beschreiben und

• die konkreten Auswirkungen für Sie darstellen in einer Weise, daß ihr Partner sich nicht angegriffen fühlt. Das könnte in unserem Beispiel so aussehen: *»Du hast in meinem Arbeitszimmer Fenster und Tür offen gelassen. Der Wind hat meine Papiere durcheinandergewirbelt, und ich mußte einige Zeit aufwenden, um sie wieder zu ordnen.«*

Störendes Verhalten oder eine Konfliktsituation beschreiben heißt:

• statt abstrakter Bewertung *sinnlich wahrnehmbare* Tatsachen mitteilen

• statt Rückschlüsse zu ziehen auf Motive, Gefühle und Gedanken anderer *direkte Zitate und konkrete Beispiele* wiedergeben

• statt mit Moralisieren und »erhobenem Zeigefinger« Wirkung erzielen zu wollen, die *Auswirkungen* auf Sie beschreiben

• statt den anderen Ihre Gefühle spüren lassen, sie direkt benennen

**• Übung**

*Dieter wird oft von seiner Frau Luise unterbrochen, wenn er ihr etwas erzählt, indem sie ihm Ratschläge gibt oder ihn kritisiert.*

Bitte beschreiben Sie an Dieters Stelle die Situation und die Auswirkungen für Sie und nennen Sie Ihre Gefühle. Schreiben Sie - bevor Sie weiterlesen - eine vollständige abwertungsfreie Ich-Aussage auf.

Eine Ich-Aussage ohne Abwertung wäre:

*»Wenn ich Dir etwas erzähle, unterbrichst Du mich häufig, bevor ich zu Ende geredet habe, und sagst mir, was ich Deiner Meinung nach machen soll. Ich ärgere mich darüber und verliere die Lust, Dir etwas zu erzählen.«*

## Keine Verhaltens-anweisungen geben

Ihnen käme es vielleicht einfacher vor zu sagen *»Unterbrich mich nicht dauernd!«* oder, in Georgs und Elses Fall (→ Seite 19) *»Stell´doch bitte die Heizung kleiner!«*

Befehle und Verhaltensanweisungen zu geben ist eine sehr weit verbreitete Methode, störendes Verhalten ändern zu wollen. Der Grund, warum diese »schnellen Lösungen« selten oder nur kurzfristig funktionieren, liegt in dem psychologischen Phänomen, daß wir uns nicht mehr frei fühlen, sobald uns jemand sagt, was wir tun sollen. Unser Widerstand wächst – selbst wenn der Vorschlag genau das sein sollte, was wir andernfalls bereit wären zu tun.

Wahrscheinlich haben die meisten von uns eine Überdosis von Verhaltensanweisungen in der Kindheit abbekommen und reagieren auf Vorschläge, selbst wenn sie logisch und vernünftig erscheinen, überempfindlich.
Für eine wirksame und schnelle Bewältigung von Alltagskonflikten ist es hilfreich, sich an dieses Phänomen zu erinnern und mit Lösungsvorschlägen und Verhaltensanweisungen zurückhaltend zu sein. Das heißt keineswegs, daß Sie nicht sagen dürfen, was Sie brauchen, aber daß Sie sich zurückhalten, Ihrem Partner zu sagen, *auf welche Weise* er das erfüllen soll.

Es wird Sie vielleicht verwirren, daß in manchem Kommunikationsleitfaden oder -seminar das Gegenteil empfohlen wird, nämlich konkret zu benennen, was Sie von Ihren Mitmenschen möchten. Solange keine Konflikte bestehen, ist das ein gutes Vorgehen (→ Seite 22).
In einer bereits gespannten Konfliktsituation ist es dagegen günstiger, sich mit Wünschen, die der andere als Forderungen und Verhaltensanweisungen empfinden könnte, zurückzuhalten.
Wenn Sie dabei bleiben, nur die Situation und die Auswirkungen für sich zu beschreiben und Ihre Gefühle und Bedürfnisse auszudrücken, gibt es für Ihren Partner keinen direkten Anlaß, sich persönlich abgewertet zu fühlen. Er könnte es trotzdem tun, wenn er ein wackliges Selbstwertgefühl hat und Botschaften anderer häufig mit selbstabwertenden Ohren hört. Das können Sie nicht verhindern. Sie tragen die Verantwortung dafür, sich abwertungsfrei mitzuteilen, aber nicht dafür, wie Ihr Partner Ihre Botschaft übersetzt und was er hineinliest. Wie Sie ihm helfen können, sich selbst gegenüber wohlwollender zu werden, erfahren Sie im Kapitel »Einfühlend zuhören«.

## Auf andere reagieren

Sie haben erfahren, wie Sie sich Ihrer Partnerin gegenüber auch in Konfliktsituationen ausdrücken können, ohne sie abzuwerten. Jetzt wird es darum gehen, wie Sie selbst reagieren und wie Sie mit den Reaktionen anderer umgehen, auch wenn sie Abwertungen und Du-Botschaften enthalten und zunächst nicht geeignet erscheinen, Konflikte zu lösen. Wie wir bereits feststellten, haben viele Menschen Schwierigkeiten, ihre Wünsche und Bedürfnisse klar auszudrücken und verhalten sich stattdessen oft abwehrend. Diese Abwehr kann sich ganz unterschiedlich äußern: in aggressiven oder selbstabwertenden Formulierungen, in Vorwürfen, getarnt in Ratschlägen oder schweigendem Rückzug. Dadurch wird die Kommunikation in einer Partnerschaft oft sehr verwirrend. Wenn Sie sie verbessern möchten, müssen Sie zum einen lernen, sich selbst klar auszudrücken - dies war Thema der vorherigen Kapitel.

Zum anderen ist es wichtig, Abwehr zu erkennen und wie sie zu einer *Kommunikationssperre* wird, also zu einem Verhalten, das einen weiteren Meinungsaustausch blockiert und Konfliktlösungen verhindert. Durch die »Übersetzung« dessen, was Ihre Partnerin häufig nur als Abwehr auszudrücken in der Lage ist, können Sie Ihre Kommunikation miteinander verbessern. Wie Sie das machen, möchte ich anhand eines Beispiels zeigen (siehe auch Seite 26).

### Beispiel: Der gemeinsame Abend

Gisela und Hans besuchen gemeinsam einen Vortrag. Dort trifft Gisela einige Bekannte und unterhält sich mit ihnen. Auf dem Heimweg entspinnt sich das folgende Gespräch:

(Ich-Aussage): *»Ich hatte mich auf den gemeinsamen Abend mit Dir gefreut, weil wir uns die letzte Zeit eh so wenig sehen. Ich fühle mich traurig, weil wir kaum miteinander geredet haben. Zuerst hast Du Dich mit Ulla, die hinter uns saß, unterhalten, dann bist Du in der Pause zu Deinem Arbeitskollegen*

*gegangen und erst am Ende der Pause zurückgekommen. Ich hätte gern mit Dir über das geredet, was der da vorn erzählt hat.«*
Sie (reagiert mit Abwehr): *»Du machst mal wieder aus einer Mücke einen Elefanten. Wir können uns doch jetzt unterhalten.«*
Er (ihre Abwehr übersetzend): *»Dir wär's lieber, ich würde das nicht so dramatisieren.«*
Sie: *»Ja, genau. Immer bist Du so empfindlich.«*
Er (Ich-Aussage): *»Ich würde gern bei unseren seltenen gemeinsamen Abenden auch über das reden, was wir zusammen erleben.«*
Sie (rechtfertigt sich): *»Aber die Ulla und den Fritz sehe ich sonst auch nie.«*
Er (übersetzend): *»Für Dich war es eine willkommene Gelegenheit, mit alten Freunden kurz einen Plausch zu halten.«*
Sie: *»Ja, warum denn nicht.«*
Er: *»Ich bin mit Dir in den Vortrag gegangen, weil ich mit Dir zusammen was unternehmen und mich mit Dir darüber unterhalten wollte.«*
Sie: *»Warum bist Du bloß so quengelig heute!«*
Er: *»Du verstehst nicht, warum ich auf diesen Punkt so beharre.«*
Sie: *»Nein, wirklich nicht.«*
Er: *»Mir ist es wichtig, das mal deutlich zu sagen, weil ich es letzte Woche, als wir zusammen im Kino waren, ähnlich erlebt habe. Ich war danach sehr frustriert, weil ich mir von einem gemeinsamen Abend erwarte, daß wir uns mehr aufeinander beziehen.«*
Sie (versteht und macht ein Angebot zur Versöhnung): *»Na gut, jetzt weiß ich, daß Du mehr mit mir reden willst, wenn wir zusammen ausgehen. Das nächste Mal werde ich mich mehr auf Dich konzentrieren. Okay?«*

## Auf Abwehr achten

Gisela reagiert auf die Ich-Aussagen von Hans abwehrend. Zuerst wertet sie ihn ab, dann rechtfertigt sie sich.
Als Abwehr werden im Sinne dieses Fair-Streit-Modells alle Äußerungen betrachtet, die nicht direkt dazu dienen, eine Störung zu beseitigen oder einen Konflikt zu lösen. Ein anderes Wort dafür ist Kommunikationssperre.
Dieses Verständnis von Abwehr gilt natürlich nur in einem eng umgrenzten Rahmen: dann, wenn Sie mit jemandem einen Konflikt klären möchten.
Hans reagiert auf Giselas Abwehr (»Warum bist Du bloß so quengelig heute!«), indem er sie wohlwollend übersetzt («Du verstehst nicht, warum ich auf diesen Punkt so beharre.«), statt seinerseits gekränkt zu sein.
Ab dem nächsten Kapitel nennen wir diesen Vorgang einfühlendes Zuhören.

Vielleicht erscheint Ihnen das Vorgehen von Hans umständlich und pingelig. Überlegen Sie, was geschehen würde, wenn Hans nach dem Vortrag zu Gisela eine Du-Botschaft sagen würde wie: *»Du hast Dich den ganzen Abend nicht um mich gekümmert«.*
Stattdessen beschreibt Hans die Situation, wie er sie erlebt hat. Er konfrontiert damit Gisela. Auf ihre abwehrenden Äußerungen schaltet er um zu einfühlendem Zuhören. Damit bewahrt er einen guten Kontakt zu ihr und sie wird irgendwann aufhören, sich zu verteidigen. Es wird ihr leichter fallen, irgendwann einzulenken, wenn Hans ihr, ohne sie abzuwerten, sein Bedürfnis den Abend intensiver mit ihr zu verbringen, deutlich machen kann.

**Verschiedene Arten von Abwehr**
Hier einige weitere Beispiele für mögliche Kommunikationssperren, bezogen auf unser Beispiel:

<u>Fragen</u>, insbesondere wenn sie mit »Warum« beginnen: *»Warum hast Du Dich nicht einfach in das Gespräch miteingemischt?«*
<u>Gegenargumente:</u> *»Du hast Dich gestern doch auch lange mit Joachim unterhalten, als wir ihn beim Spazierengehen getroffen haben.«*
<u>Verallgemeinerung:</u> *»Niemand würde was dabei finden außer Dir.«*
<u>Befehle:</u> *»Laß mich in Frieden mit Deiner Meckerei!«*
<u>Killerphrasen:</u> *»Ich will meine Zeit nicht für solchen Firlefanz verschwenden.«*
<u>Ablenken, aufheitern:</u> *»Ach Hans, nimm das doch nicht gleich so tragisch. Komm, wir gehen jetzt noch ein Bier trinken.«*

Vielleicht wenden Sie jetzt ein, daß es in einem Konflikt doch bestimmt zur Entspannung der Situation beiträgt, wenn jemand abzulenken und aufzuheitern versucht. Wenn das Thema, um das es gerade geht, nicht so wichtig ist, mag das tatsächlich funktionieren. Für Hans wäre es vielleicht möglich gewesen, auf Giselas Vorschlag einzugehen, noch etwas trinken zu gehen und die Geschichte zu vergessen.
Anders verhält es sich, wenn es Hans wichtig ist, etwas für die Zukunft zu klären, weil sich Abende wie dieser schon öfter so abgespielt haben. Dann ist eine ablenkend-aufheiternde Reaktion von Gisela als Versuch zu verstehen, der Auseinandersetzung auszuweichen. Es gibt viele Situationen im Alltag, wo es in Ordnung ist, einen Ratschlag zu geben, zu trösten oder Fragen zu stellen, solange sie keine Konflikte miteinander haben. Sobald es Probleme gibt und Sie anfangen, sich wegen jeder Kleinigkeit mißzuverstehen, ist es ratsam, Abwehr bewußt wahrzunehmen und innerlich umzuschalten.

## Einfühlend Zuhören

*»Eine Person, die anderen nicht zuhören kann, ›verteidigt‹ sich, sie kann es sich nicht leisten, Ansichten und Ideen ausgesetzt zu sein, die nicht identisch sind mit ihren eigenen Vorstellungen. ...denn es besteht die Möglichkeit, daß wir verändert werden, wenn wir wirklich genau zuhören und uns in die Welt des anderen einfühlen.«*
(Thomas Gordon)

Ein heikles Thema – nicht nur für Paare – ist das Zuhören. Insbesondere wenn es in einer Partnerschaft Meinungsverschiedenheiten gibt, wird das Zuhörenkönnen zu einer schweren Prüfung der Selbstbeherrschung. Wer kann sich schon Vorwürfe gelassen anhören, ohne gleich »zurückzuschießen«? Plötzlich sind Sie mitten in einem Streit, in dem jeder seinen Standpunkt verteidigen will. Auch wohlformulierte Ich-Aussagen würden hier nicht weiterhelfen. Denn eine Auseinandersetzung, die nur aus Ich-Aussagen bestünde, wäre eine verheerende Angelegenheit, fehlte doch das, was dem Gespräch die Seele verleiht: nämlich das Zuhören und Sich-aufeinander-beziehen.
Um Konflikte konstruktiv lösen zu können, brauchen wir also neben der Fähigkeit, abwertungsfrei miteinander zu sprechen und unsere Gefühle und Bedürfnisse mitzuteilen, noch ein wichtiges Element: das einfühlende Zuhören. Es ist eine besondere Art und Weise, auf andere Menschen zu reagieren.

Einfühlend zuhören heißt,
- wohlwollend zuhören,
- zurückspiegeln, was Sie an Gefühlen und Bedürfnissen hören und wahrnehmen (über Stimme, Mimik und Körperausdruck) und
- nicht mehr hineinlegen als gesagt wurde.

**Beispiel:**
Sie (mit ungeduldiger Stimme): *»Warum hast Du nicht gleich gesagt, daß Du die Reparatur an meinem Auto nicht machen willst? Dann hätte ich den Wagen schon längst in die Werkstatt gegeben.«*
Er (einfühlend zuhörend):
*»Du bist verärgert darüber, daß ich die Reparatur noch nicht gemacht habe.«*
(Danach wäre eine Ich-Aussage angebracht mit der Begründung seines Versäumnisses.)

Sie als Zuhörer verschaffen sich so selbst erst einmal eine kurze Reaktionspause (denn Sie bleiben innerlich noch

## Wie Sie einfühlend zuhören

Bei dieser Art des Zuhörens sind Sie nicht nur der »Empfänger« einer Botschaft, sondern aktiv beteiligt. Im Unterschied zu der üblichen Art, miteinander zu reden, sind Sie nicht schon innerlich damit beschäftigt, was Sie gleich erwidern werden, wenn Ihre Partnerin aufhört zu sprechen. Ihre Aufmerksamkeit richtet sich stattdessen auf alles, was Sie bei Ihrer Partnerin wahrnehmen an Gefühlen und Bedürfnissen, ganz egal wie sie das ausdrückt. Es wird Ihnen helfen, wenn Sie vor allem darauf achten, welche Bitte Sie in ihrer Äußerung wahrnehmen - was nicht heißt, daß Sie immer tun müssen, was sie von Ihnen erwartet! Sie können ihr durch Ihre einfühlende Reaktion jedoch Verständnis signalisieren. Oft ist es ein erster Schritt zur Lösung eines Konflikts, wenn Ihre Partnerin sich verstanden fühlt.

beim anderen), bevor Sie Stellung nehmen. Mit dem einfühlenden Zuhören wird auch einer Du-Botschaft die kränkende Spitze genommen, was für eine gute Kommunikation sehr hilfreich ist - vorausgesetzt es verkommt nicht zu einer mechanischen Technik. Doch dann würde es nicht die erste Voraussetzung des einfühlenden Zuhörens erfüllen, »wohlwollend zuzuhören«.

### Beispiele für einfühlendes Zuhören:

• Sabine nach einem Abendessen mit Freds Mutter: *»Ich bin ganz unzufrieden, wie der Abend abgelaufen ist. Ich glaube, ich war sehr ungeduldig mit Deiner Mutter.«*
Fred: *»Du wünschst Dir, Du hättest Dich ihr gegenüber anders verhalten.«*
(statt beschwichtigend: *»Du machst Dir wieder einmal viel zuviele Gedanken.«)*

• Martin hat seine Schuhe wie schon oft in den Flur neben den Schuhschrank gestellt und wird von Renate darauf aufmerksam gemacht.
Martin: *»Immer hast Du was zu meckern. Ich glaube, ich werde es Dir nie recht machen können.«*
Renate: *»Du bist verletzt, weil ich Dich darauf aufmerksam mache, daß Du Deine Schuhe neben statt in den Schuhschrank gestellt hast.«* (statt selbstgerecht: *»Du kapierst es offensichtlich nie, wie sehr mich das aufregt.«*)

Einfühlendes Zuhören hilft Ihnen, sich darüber klarzuwerden, was Ihre Partnerin von Ihnen möchte. Gleichzeitig helfen Sie ihr durch Ihre aktive Übersetzung und die Zurückspiegelung ihrer Gefühle – die manchmal oft erst dadurch bewußt werden –, für sich zu klären, was sie von Ihnen möchte oder braucht. Denn manchmal ist Ihre Partnerin vielleicht nicht in der Lage, sich anders als in Form einer aggressiven Du-Botschaft auszudrücken. Sie können dieses »Wurfgeschoß« entschärfen, wenn Sie Ihre Aufmerksamkeit nicht auf die mögliche Kränkung richten, die darin enthalten ist, sondern auf die indirekt geäußerte Bitte, die Sie von Ihrer Partnerin hören (→ Seite 26). Da das einfühlende Zuhören so wichtig ist, noch einmal ein ausführliches Beispiel.

### Beispiel: Der Geschichtenerzähler

Nach einem Abend mit Freunden sagt Eva zu Achim: *»Jedes Mal wenn wir mit anderen Leuten zusammen sind, spielst Du Dich in den Vordergrund und redest ununterbrochen.«*
Er (einfühlend zuhörend): *»Du ärgerst Dich, weil Du findest, ich nehme zuviel Raum ein, so daß andere nicht mehr zu Wort kommen?«*
Sie: *»Ja! Du hast dann immer ein paar Stories auf Lager, die Du immer wieder erzählst und die ich alle schon tausendmal gehört habe.«*
Er: *»Dich nervt, daß ich immer die gleichen Geschichten erzähle und Du willst sie nicht mehr hören.«*
Sie: *»Ja, genau! Ich sag schon gar nichts mehr, weil es mir manchmal richtig peinlich ist, wie Du das Gespräch an Dich reißt.«*
Er: *»Du siehst da gar keine Möglichkeit, Dich einzubringen, und Dir kommt es vor, als wenn es andere genauso erleben.«*
Sie: *»Naja, vielleicht muß ich da auch einfach mal über meinen Schatten springen und was sagen, statt mich innerlich zurückzuziehen und mich im stillen über Dich zu ärgern.«*
Er (macht, nachdem Eva einiges von ihrem Ärger losgeworden ist und er meint verstanden zu haben, was ihre Beschwerde ist, einen Vorschlag): *»Ich wünsche mir, Du würdest mir das nächste Mal ein Zeichen geben, wenn ich*

*Deiner Meinung nach wieder so aufdrehe und das Gespräch zu sehr bestimme.«*
Sie: *»Gut. Das nächste Mal werde ich Dich anstupsen oder Dir sonstwie ein Zeichen geben zur Erinnerung. Ja?«*
Er: *»Okay.«*

Eva konnte ihren Ärger zuerst nur in Du-Botschaften ausdrücken. Nachdem sie sich von Achim verstanden fühlte, war es ihr möglich, ihre Aufmerksamkeit, die zuerst ganz auf Achims Verhalten gerichtet war, auf ihr eigenes Verhalten zu richten (*»... vielleicht muß ich da auch mal über meinen Schatten springen ...«*). Zugegeben, um so geduldig zuzuhören und nicht auf die Vorwürfe zu reagieren, braucht es einige Selbstbeherrschung, insbesondere dann, wenn Sie selbst ein schlechtes Gewissen haben und meinen, an den Vorwürfen sei etwas dran. Doch wenn Sie es ausprobieren, werden Sie über das Ergebnis staunen: Vorwürfe, die sonst zu endlosen Streitereien führten, lassen sich plötzlich in kurzer Zeit auflösen.
Wenn sich jemand ausreichend verstanden fühlt, wird es ihm leichter möglich sein, den Fokus von außen nach innen zu richten. Achim hätte auch, statt selbst einen Vorschlag zu machen, Eva fragen können, was sie sich wünscht, daß sich ändern soll.

## Besonderheiten und Hilfen

Meist ist es günstiger, wenn Sie Ihre einfühlende Reaktion nicht als Frage, sondern als Feststellung formulieren. So fühlt sich Ihre Partnerin nicht gezwungen, zu antworten und wird in ihrem Gesprächsfluß nicht gestört.

Vielleicht ist es Ihnen aufgefallen: Beim einfühlenden Zuhören fangen Sätze oft mit »Du...« an. Sie sind aber keine Du-Botschaften, solange Sie Ihre Partnerin nicht abwerten, ihr nichts unterstellen und ihren Ansichten nicht vorgreifen. Beim einfühlenden Zuhören versuchen Sie ausschließlich, die Gefühle und Bedürfnisse Ihrer Partnerin zu verstehen und in eigenen Worten auszudrücken. Insofern ist einfühlendes Zuhören nicht passiv, sondern *aktiv.* Dafür müssen Sie natürlich mehr auf die Gefühle und Bedürfnisse Ihrer Partnerin achten und weniger auf ihre Gedanken reagieren – das fällt vielen von uns am Anfang schwer. Um das zu verdeutlichen, greife ich nochmal aus dem Beispiel von eben den Beginn des Dialogs auf. Eva sagt:
*»Jedes Mal, wenn wir mit anderen Leuten zusammen sind, spielst Du Dich in den Vordergrund und redest ununterbrochen.«*
Ein reines Aufgreifen des Gedankens wäre folgende Reaktion von Achim:
*»Du findest, ich mache mich wichtig und*

*rede zuviel, wenn andere Leute dabei sind.«*

Wenn Achim einfühlend Evas Bedürfnisse und Gefühle hört, geht er einen Schritt weiter: *»Du ärgerst Dich, weil Du findest, ich nehme zuviel Raum ein, so daß andere nicht mehr zu Wort kommen?«*

Wenn Sie beim Zuhören wirklich mit Mitgefühl hören und die Gefühle und Bedürfnisse Ihrer Partnerin übersetzen, bringen Sie das Gespräch ein ganz wesentliches Stück voran. Einfühlend zuhören ist ein sehr wichtiger Beitrag in einem Gespräch, damit wir uns verstanden fühlen - nicht nur in Konfliktsituationen!

**• Übung**

Monika: *»Am liebsten würde ich an diesem Wochenende nicht mit zu Deinen Eltern fahren, sondern es mir zu Hause gemütlich machen.«*

Peter (verärgert): *»Immer fällt Dir in letzter Minute was anderes ein. Es war doch schließlich Deine Idee, daß wir dieses Wochenende meine Eltern besuchen wollten.«*

• Bevor Sie weiterlesen, notieren Sie sich bitte, wie Sie auf Peters Botschaft einfühlend reagieren würden.

• Und nun überlegen Sie, wie Monika ihm ihr Bedürfnis, ein entspanntes Wochenende zu Hause zu verbringen, beschreiben könnte, so daß es für Peter nachvollziehbar ist.

Auflösung: Monika könnte einfühlend antworten: *»Du bist ganz verärgert darüber, daß ich so überraschend meine Meinung ändere.«*

Ihr Bedürfnis könnte sie so vermitteln: *»Ich möchte gern, daß Du mich verstehst. Ich bin von der Arbeit so geschafft, daß ich am liebsten zu Hause bleiben und die Füße hochlegen würde. Der Streß mit der langen Fahrt und dann* *den ganzen Tag mit Deinen Eltern zusammen, ohne mich mal zurückziehen zu können - das nervt mich schon, wenn ich bloß daran denke.«*

## Gefahren und Grenzen

Am Schluß dieses Abschnitts möchte ich noch auf einige Gefahren und Grenzen hinweisen.

• Einfühlendes Zuhören wird dann manipulativ, wenn es nicht ehrlich gemeint ist und nicht aus der Achtung für die Meinung und Sichtweise Ihres Partners entspringt, sondern mechanisch oder in einem ironischen Tonfall erfolgt.

• In seltenen Fällen kann jemand die »Technik« des Spiegelns - einfühlendes Zuhören ist es dann schon nicht mehr - als Machtmittel einsetzen, um sich als überlegen darzustellen und den andern »zappeln zu lassen«. Der Partner bekommt keine Antwort, sondern nur eine Spiegelung seiner Botschaft.

• Insbesondere für Frauen besteht die Gefahr, Meisterinnen des einfühlenden Zuhörens zu werden und dabei die eigenen Bedürfnisse aus den Augen zu verlieren. Nicht immer, wenn jemand ein

Problem hat, *müssen* Sie einfühlend zuhören. Sie selbst entscheiden, wofür Sie Ihre Energie einsetzen möchten. Ein deutliches Signal ist, wenn Sie sich langweilen oder ärgern, weil Sie meinen zu kurz zu kommen und über Gebühr beansprucht zu werden. Hier wäre es angebracht, Ihre Gefühle und Bedürfnisse als Ich-Aussage mitzuteilen.

Zum Beispiel: *»Ich verstehe, daß Dich gerade etwas sehr beschäftigt. Allerdings habe ich im Moment nicht die Ruhe, Dir zuzuhören, weil ich diese Sache fertigmachen will.«*

**Grenzen des einfühlenden Zuhörens**
Einfühlendes Zuhören ist nicht angebracht, wenn es keine Hinweise dafür gibt, daß Ihr Partner ein Problem hat, bei dem er Ihre Unterstützung braucht oder wünscht, zum Beispiel, weil er sehr klar seine Bedürfnisse und Gefühle ausdrückt. Sie sollten sich in diesem Fall mit einfühlendem Zuhören zurückhalten, denn zuviel dargebotene Liebe und Einfühlung kann auch penetrant werden. Sie werden mit der Zeit ein Gespür dafür entwickeln, wieviel einfühlendes Zuhören Ihr Partner braucht, um sich verstanden zu fühlen, und wo passive Zuhörfertigkeiten (Zugewandtheit, Schweigen, »Türöffner« wie *»Hmhm«, »Ah, so geht's Dir damit«, »Erzähl weiter, wenn Du willst«)* genügen.

- Wenn Ihr Partner eine ganz konkrete Information von Ihnen braucht, wäre einfühlendes Zuhören in diesem Fall eine Form von Abwehr!
- Wie bereits erwähnt, ist einfühlendes Zuhören nicht ratsam, wenn Sie selbst innerlich nicht bereit sind, weil Sie beispielsweise gestresst oder in Eile sind oder gerade nicht in der Stimmung, sich mit den Problemen Ihres Partners zu befassen. Eine gewisse Portion Egoismus bewahrt Sie vor Depressionen oder der Anlage eines geheimen Ärgerkontos, das Sie Ihrem Partner irgendwann heimzahlen – in Form eines plötzlichen Wutausbruchs oder ähnlichem.
- Ausschließlich einfühlend zuhören wäre natürlich auch nicht angebracht, wenn Sie mit Ihrem Partner einen Konflikt zu klären haben. Wie Sie in einem solchen Fall vorgehen, erfahren Sie in den folgenden Kapiteln.

Sie haben bisher die Grundelemente fairer Kommunikation

- *klare Ich-Aussagen,*
- *Verhaltensbeschreibung statt Bewertung* und
- *einfühlendes Zuhören*

kennengelernt. Im folgenden geht es nun darum, wie Sie damit Konflikte lösen.
Sie werden Bedürfnis- und Wertkonflikte unterscheiden lernen und erfahren, welches Vorgehen in welcher Situation am sinnvollsten ist. Das Ziel ist immer, eine Lösung zu finden, bei der beide Partner gewinnen!

# Faires Streiten in der Praxis

# Wie Sie bei Konflikten vorgehen

*»Konfliktlösung und Versöhnung durch Konfrontation und Kooperation sind möglich, wenn unsere Gefühlsseite sie wünscht und unser Verstand einen Weg findet.«*
(abgewandelt nach T. und A. Harris)

Bisher war von störendem Verhalten und Konflikten die Rede. Nicht jedes Verhalten Ihres Partners, durch das Sie sich beeinträchtigt fühlen, führt jedoch gleich zu einem Konflikt.
Sie erfahren einige Seiten weiter, wie Sie störendes Verhalten zunächst einmal durch ein Konfrontationsgespräch versuchen können zu verändern. Oft werden Sie damit Erfolg haben.
Es wird jedoch auch Situationen geben, wo Ihr Partner nicht bereit ist, lediglich auf Ihre Konfrontation hin sein Verhalten zu verändern. Diese Situation bezeichnen wir hier im engeren Sinn als *Konflikt*. Zur Bewältigung von Konflikten benötigen Sie Methoden, die über das Konfrontieren hinausgehen.

**Beispiel:**
*Horst vergißt immer wieder, wann er an der Reihe ist, Küchendienst zu machen. Lena, seine Frau, muß ihn des öfteren daran erinnern. Tut sie es nicht, steht am nächsten Morgen noch das ganze Geschirr da. Lena möchte ungern die Rolle der Aufpasserin haben, aber auch nicht am Morgen in eine unaufgeräumte Küche kommen. In einem Konfrontationsgespräch stellt sich heraus, daß Horst an sich Widerstände dagegen hat, Küchendienst zu machen, weil er meint, daß er beruflich mehr belastet ist als Lena, die studiert und öfter als er zu Hause ist. Nach einigem Hin und Her beschließen sie, sich zusammenzusetzen, um über die Aufteilung der Haushaltspflichten neu zu verhandeln.*

Solange beide davon ausgehen, daß ihre Vereinbarung über die Aufteilung des Küchendienstes so für beide befriedigend ist, handelt es sich noch um keinen Konflikt, sondern um ein störendes Verhalten von Horst. Wenn sich jedoch bei der Diskussion um den Küchendienst ergibt, daß tiefere Widerstände gegen die bisherige Regelung vorhanden sind, die geklärt werden müssen, haben die beiden einen Konflikt miteinander. Um diesen zu klären, empfiehlt sich ein partnerschaftliches Klärungsgespräch.

Störendes Verhalten gehen Sie mit einem Konfrontationsgespräch an, einen Konflikt lösen Sie in einem partnerschaftlichen Klärungsgespräch.

## Bedürfnis- oder Wertkonflikt?

Noch eine Unterscheidung ist zu treffen – nämlich die zwischen Bedürfnis- und Wertkonflikten.
Störendes Verhalten Ihrer Partnerin läßt sich unter zwei Blickwinkeln sehen:
• Es ist für mich nicht akzeptabel, weil es mich in der Befriedigung eines Bedürfnisses behindert. Wir nennen das einen *Bedürfniskonflikt.*
• Oder es ist für mich nicht akzeptabel, weil es einer Wertvorstellung von mir widerspricht. Es behindert mich jedoch nicht unmittelbar in der Befriedigung eines Bedürfnisses. Wir nennen das einen *Wertkonflikt.*

### Beispiele für Bedürfniskonflikte:

*• Sie sind am Sonntag für einen Ausflug verabredet. Ihr Freund sagt Sonntagmorgen ab, weil er plötzlich keine Lust hat. Sie sind enttäuscht, weil Sie sich auf den gemeinsamen Ausflug gefreut haben. Außerdem möchten Sie nicht allein wandern und werden so kurzfristig keine andere Begleitung finden.*
*• Ihre Frau kauft sich teure Kleider, obwohl sie beide wenig Geld zur Verfügung haben. Sie sind verärgert, weil das Konto im Minus ist.*
*• Ihre Schwiegermutter kommt häufig für länger zu Besuch, obwohl Sie nur eine kleine Wohnung haben. Sie sind verärgert, weil Sie sich einschränken müssen.*

### Beispiele für Wertkonflikte:

*• Sie und Ihre Frau haben bezüglich der Erziehung Ihrer Tochter, zum Beispiel wann sie abends spätestens zu Hause sein soll, verschiedene Ansichten.*
*• Ihr Freund kleidet sich gern lässig und bequem. Wenn Sie gemeinsam ausgehen, stört Sie das manchmal.*
*• Sie sind für die Trennung von Abfall und tragen deshalb Papier und Flaschen zum Container. Ihre Freundin will sich daran nicht beteiligen, weil sie meint, daß solche Aktionen am Grundproblem des Mülls nichts ändern.*

Weshalb wir hier diese Unterscheidung machen, werden Sie besser verstehen, wenn Sie beim Konfrontieren die Auswirkungen von störendem Verhalten beschreiben sollen.
Die *Auswirkungen* störenden Verhaltens aufgrund von Wertkonflikten zu beschreiben, ist meist nicht möglich.

Findige Köpfe können sich zwar auch zu den obengenannten Beispielen Auswirkungen ausdenken, zum Beispiel, mit einem lässig gekleideten Partner Essen zu gehen macht keinen Spaß. Solche Auswirkungen hören sich oft ziemlich an den »Haaren herbeigezogen« an. Wenn Ihre Partnerin nicht bereit ist, Ihre Beschreibung der Auswirkungen zu akzeptieren, ist das meist ein deutlicher Hinweis auf einen Wertkonflikt.
Das heißt nicht, daß sich Wertkonflikte nicht trotzdem sehr nachhaltig auf Ihre Beziehung auswirken können! Mehr dazu lesen Sie ab Seite 65. Jetzt soll es erst einmal um die Lösung von Bedürfniskonflikten gehen.

## Das faire Konfrontationsgespräch

Nehmen wir an, Ihre Partnerin tut etwas, was Sie ärgert, irritiert oder verunsichert: Sie macht Lärm, während Sie sich Ruhe wünschen; packt umständlich die Koffer, so daß Sie unter Zeitdruck kommen.
Oft ergeben sich aus dem Ärger in solchen Momenten Streitereien, die nichts bewirken - außer für manche vielleicht die resignative Konsequenz: *»Ich sag besser nichts, denn außer Streit kommt doch nichts dabei raus.«*
Sie werden jetzt erfahren, wie Sie die Elemente fairer Kommunikation, die Sie im ersten Teil kennengelernt haben, einsetzen können, um solch störendes Verhalten in einem Konfrontationsgespräch zu verändern.

### Wirksam konfrontieren

Bewußte Konfrontation setzt voraus, daß Sie wissen, was Sie möchten und daß Sie Ihre Bedürfnisse (also zum Beispiel Ihr Bedürfnis nach Ruhe) ernstnehmen und für sie eintreten. Sie sollten sich dabei über folgende Fragen im klaren sein:

- *Was genau ist mein Problem?*
- *Worüber bin ich ärgerlich?*
- *Was will ich erreichen? Was genau soll sich ändern?*
- *Wen muß ich dafür ansprechen, wer kann das verändern? (Wichtig, wenn verschiedene Personen beteiligt sind)*

Eine Konfrontation ist zunächst einmal ein nachdrückliches Informationsgespräch. Denn bevor Sie Ihrer Partnerin nicht sagen, was Sie stört, *sie also über Ihre Bedürfnisse informieren*, weiß sie womöglich gar nicht, wie sehr Sie sich von ihrem Verhalten beeinträchtigt fühlen. Wenn Sie dabei von der Bereitschaft und dem guten Willen Ihrer Partnerin ausgehen, ihr Verhalten zu verändern, wird Ihnen das helfen, sachlich zu bleiben, auch wenn Sie Ihre Gefühle ausdrücken.

**Wirksam konfrontieren heißt:**
• Die andere Person zu einer Veränderung ihres Verhaltens zu veranlassen,
• ohne sie in ihrer Selbstachtung anzugreifen.

## Der Beginn: Die konfrontierende Ich-Aussage

Eine konfrontierende Ich-Aussage ist am wirksamsten, wenn sie drei Teile enthält:

- Die genaue vorwurfslose Beschreibung des störenden Verhaltens
- Die Beschreibung der spürbaren Folgen oder Auswirkungen für Sie (anschaulich und nachvollziehbar)
- Die Benennung Ihrer Gefühle und der Bedürfnisse, in denen Sie sich eingeschränkt fühlen.

Sie beschreiben also:
Störendes Verhalten + Folgen für Sie + Ihr Gefühl/Bedürfnis

Die Reihenfolge ist unerheblich. Meist empfiehlt es sich aber, mit der Beschreibung des Verhaltens zu beginnen, damit Ihre Partnerin zuerst erfährt, worum es geht. Wenn Ihr Gefühl sehr stark ist, beginnen Sie vielleicht mit *»Ich bin sehr (ärgerlich)..., weil ...«*
Der Nachteil bei diesem Beginn ist, daß Ihre Partnerin womöglich schon in Abwehrhaltung geht, weil sie sich bedroht fühlt, ohne zu wissen worum es geht.

Beachten Sie: An der Möglichkeit oder Unmöglichkeit, die Folgen für Sie zu formulieren, können Sie erkennen, ob es sich wirklich um ein Bedürfnis handelt, in dem Sie sich beeinträchtigt fühlen. Handelt es sich hingegen um eine Wertvorstellung, werden Sie Schwierigkeiten haben, die Auswirkungen des störenden Verhaltens auf Sie anschaulich und nachvollziehbar zu beschreiben. Es besteht dann die Gefahr, daß Sie anfangen zu rationalisieren, also scheinbar »vernünftige« Argumente bringen, die aber keine Beeinträchtigung Ihrer Bedürfnisse darstellen.
Erinnern Sie sich an das Beispiel für einen Wertkonflikt: Stellen Sie sich vor, Sie müßten begründen, inwiefern Sie die lässige Kleidung Ihres Partners beeinträchtigt.
Nun ein Beispiel für den Beginn einer Konfrontation.

**Beispiel: Der Ausflug I**
Christa und Siegfried machen einen Fahrradausflug. Siegfried fährt seit

einer Weile im Abstand von zirka 50 Meter vor ihr her, und Christa kommt nur mit Mühe hinterher. An einer Ampel konfrontiert Christa ihn:
(zur besseren Übersicht sind die drei Teile der Aussage gekennzeichnet)
Verhalten: *»Du fährst schon eine ganze Weile voraus.*
Folgen: *Ich komme nur mit größter Mühe hinterher und bin schon völlig außer Atem.*
Gefühl/Bedürfnis: *Ich bin ärgerlich, weil ich gern gemeinsam mit Dir radeln und hin und wieder auch mal ein paar Worte mit Dir wechseln möchte.«*

Wenn Siegfried nun sofort darauf reagiert und zum Beispiel langsamer radelt, wäre die Konfrontation auf Anhieb erfolgreich und das Problem gelöst. Gewöhnlich reagieren die meisten Menschen aber zuerst mit Widerstand, wenn sie konfrontiert werden. Welche Art von Widerstand von Siegfried kommen könnte und wie Christa dann auf seine Botschaften reagieren sollte, erfahren Sie auf der nächsten Seite. Vorher möchte ich Ihnen jedoch Gelegenheit geben, selbst einmal eine konfrontierende Ich-Aussage zu formulieren.

**• Übung**

Formulieren Sie zu den beiden Beispielen eine konfrontierende Ich-Aussage.

**Beispiel: Der Beifahrer**

*Auf der Autobahn. Ihre Partnerin fährt 180, obwohl starker Verkehr ist. Sie hält nicht den nötigen Sicherheitsabstand, und Sie fühlen sich ziemlich unwohl und nervös. Sie beobachten dauernd den Verkehr und können sich nicht entspannen.*

**Beispiel: Das Videogerät**

*Das Videogerät ist schon seit einiger Zeit kaputt. Ihr Partner versprach es zu reparieren. Doch immer wieder vergißt er es. Sie möchten einen Sprachkurs aufnehmen und sind frustriert, weil das jetzt nicht möglich ist.*

Die konfrontierenden Ich-Aussagen könnten lauten:
Beispiel 1: *»Ich habe Angst, wenn Du bei diesem starken Verkehr mit 180 fährst und noch dazu so dicht auffährst.*
*Ich möchte entspannt daneben sitzen können, wenn Du fährst.«*
Bitte beachten Sie: Thema ist nicht, ob Ihre Partnerin eine gute Autofahrerin ist, sondern wie Sie sich fühlen, wenn sie fährt.
Folgen und Gefühl hängen oft eng zusammen. In diesem Beispiel ist die Folge aus dem Verhalten Ihrer Partnerin das Gefühl von Angst, das Sie haben, wenn sie fährt, weshalb Sie dauernd den Verkehr beobachten und nicht entspannen können.

Zu Beispiel 2: (Verhalten) *»Das Videogerät ist schon einige Zeit kaputt und Du hast versprochen, es zu reparieren.* (Folgen) *Ich möchte morgen sehr gern den neuen Französisch-Sprachkurs aufnehmen, kann das aber jetzt nicht machen, weil das Gerät nicht funktioniert. Dadurch entgeht mir die Möglichkeit, den Kurs mitzumachen, weil ich meist nicht zu Hause bin, wenn die Sendung kommt.* (Gefühl) *Ich bin frustriert darüber.«*

Die Beschreibung der drei Teile *Verhalten - Folgen für Sie - Gefühle/Bedürfnisse* ist die günstigste Ausgangsbasis für die weitere Auseinandersetzung.

## Der weitere Ablauf

*Die konfrontierende Ich-Aussage* und das *Erkennen von Abwehr* und *Umschalten auf einfühlendes Zuhören* sind die wichtigsten Elemente, die Sie für ein erfolgreiches Konfrontationsgespräch brauchen, um störendes Verhalten Ihrer Partnerin zu verändern.

### Beispiel: Der Ausflug II

Jetzt können wir das Beispiel von Christa und Siegfried zu Ende führen.
Er: *»Wenn Du jetzt schon anfängst, mich zu gängeln, können wir gleich wieder nach Hause fahren.«*
Sie (einfühlend zuhörend): *»Du ärgerst Dich, daß ich das sage.«*
Er:*»Ja, allerdings. Kaum sind wir unterwegs, fängst Du schon an zu jammern.«*
Sie (zuerst noch einfühlend zuhörend, dann erneut konfrontierend):
*»Du kannst meinen Wunsch, mit Dir gemeinsam zu radeln, nicht so recht akzeptieren. Mir macht der Ausflug mehr Spaß, wenn wir dabei auch ein bißchen reden können. Außerdem bin ich jetzt schon völlig außer Atem bei dem Tempo, das Du vorlegst.«*
Er (noch abwehrend): *»Da kann man mal sehen, wie wenig fit Du bist.«*
Sie (wieder umschaltend auf einfühlendes Zuhören): *»Du meinst, das Problem besteht darin, daß ich nicht genug Kondition habe.«*
Er (immer noch Christas Bedürfnis abwehrend): *»Ich habe die ganze Woche im Büro gehockt. Jetzt will ich mich mal austoben. Ich brauch´ das.«*
Sie (zuerst einfühlend zuhörend, dann erneut konfrontierend): *»Dir ist es wichtig, Dich selbst etwas zu fordern. – Das kann ich zum einen verstehen, doch ich wäre sehr enttäuscht von unserem gemeinsamen Ausflug, wenn er im gleichen Stil weiterverlaufen würde.«*
Er (ist bereit, einzulenken): *»Ich habe ´ne Idee. Meinetwegen können wir jetzt ein Stück zusammen radeln. Aber später möchte ich gern für eine halbe Stunde einen Sprint um den See machen.*

*Wir können dann einen Treffpunkt ausmachen. Was hältst Du davon?«*
Diese Bereitschaft, einzulenken und sogar eigene Vorschläge für eine Lösung des Problems einzubringen, ist typisch für das Konfrontationsgespräch, wenn die konfrontierende Person konsequent auf Abwertung verzichtet und bei Abwehr öfters auf einfühlendes Zuhören umschaltet. Nach Rollenspielen berichten die konfrontierten Personen häufig: *»Ich konnte nicht auf die alte Weise weitermachen, weil ich mich nicht zu verteidigen brauchte. Mir gingen einfach die Argumente aus.«*

Vorgehen bei einer (idealtypischen) Konfrontation:
- Konfrontierende Ich-Aussage als Einstieg in die Auseinandersetzung (Störendes Verhalten - Folgen für Sie - Ihr Gefühl)
- Bei Abwehr immer wieder Umschalten auf einfühlendes Zuhören
- Nicht inhaltlich auf den Widerstand eingehen, sondern bei Ihrem Anliegen bleiben
- Erneute Ich-Aussagen, bis die konfrontierte Person selbst eine befriedigende Lösung findet (keine Verhaltensanweisungen und Lösungen vorgeben!)

Noch ein ausführliches Beispiel für ein vollständiges Konfrontationsgespräch.

### Beispiel: Der Vielbeschäftigte

Marianne ist unzufrieden darüber, daß ihr Mann Ludwig keine Zeit für sie und die Kinder hat, weil er beruflich so eingespannt und sehr viel unterwegs ist. Wenn sie ihn auf Probleme anspricht, zum Beispiel wegen der Kinder, sagt er ungeduldig: *»Ach bitte regle Du das. Ich habe den Kopf so voll mit anderen Dingen.«* Marianne konfrontiert ihn deswegen.
Sie: *»Mir fällt auf, daß wir kaum noch Zeit haben, um miteinander in Ruhe zu reden. Du bist sehr viel beruflich unterwegs und überläßt mir alles, was die Kinder und das Haus betrifft. Darüber bin ich ganz unzufrieden. Denn ich habe einiges auf dem Herzen, worüber ich gern mit Dir sprechen würde. Bist Du dazu bereit?«*
Er: *»Ich habe gerade soviel um die Ohren, das weißt Du doch. Kannst Du das nicht ohne mich klären?«*
Sie (einfühlend zuhörend): *»Dir wäre es lieber, ich würde jetzt nicht auch noch was von Dir wollen.«*
Er: *»Ja, wirklich! Ich bin gerade in einer schwierigen Verhandlung, und auf meinem Schreibtisch türmt sich die Arbeit. Ich weiß schon gar nicht mehr, wo mir der Kopf steht. Jetzt kommst Du auch noch und willst was von mir.«*

Sie (einfühlend zuhörend): *»Mein Wunsch erscheint Dir wie eine weitere Anforderung.«*
Er: *»Allerdings!«*
Sie (umschaltend auf erneute konfrontierende Ich-Aussage) *»Ich beobachte seit einiger Zeit, daß wir uns immer fremder werden. Kaum bist Du zu Hause, mußt Du schon wieder Vorbereitungen für Deine nächsten Arbeitstermine treffen. Ich besorge Deine Wäsche und packe Deinen Koffer für die nächste Reise. Zum Reden haben wir so gut wie keine Zeit.«*
Er: *»Aber das hast Du doch vorher gewußt, daß ich viel unterwegs bin in meinem Beruf.«*
Sie (einfühlend zuhörend): *»Du wunderst Dich, daß ich mich beklage.* (erneute Ich-Aussage) *Ich habe mich zwar darauf eingestellt, daß Du viel arbeiten wirst, doch wenn dazwischen keine Zeit mehr bleibt für uns, dann frustriert mich das sehr.«*
Er: *»Wie stellst Du Dir das denn vor? Morgen muß ich zum Beispiel zu einer Konferenz nach Wien. Dafür muß ich noch einiges vorbereiten. Ich mache die Termine nicht. Und Du profitierst doch auch davon, wenn die Geschäfte gut laufen.«*
Sie (einfühlend zuhörend): *»Du kannst Dir im Moment nicht vorstellen, wie Du meinen Wunsch nach mehr Zeit füreinander in Deinem Terminkalender noch unterbringen kannst.«*
Er: *»Ja, ich bin bis oben voll mit Terminen.«*
Sie: *»Mir ist wichtig, daß wir hin und wieder Zeit füreinander haben, damit mir das Leben mit Dir Spaß macht.«*
Er: *»Ja, mir liegt ja auch daran, daß wir nicht nur nebeneinander herleben. - Wie stellst Du Dir das denn vor?«*
Sie (macht einen Vorschlag, weil er sie konkret danach fragt und damit Offen-

heit signalisiert): *»Ich wäre schon sehr zufrieden, wenn ich wüßte, daß wir - vielleicht alle zwei Wochen - einen Abend wirklich nur für uns hätten, ohne Kinder, ohne Telefonate, ohne Besuch oder Fernsehen, ausschließlich zum Miteinandersein und Miteinanderreden.«*
Er: *»Im Prinzip habe ich ja gar nichts dagegen. Nur das mit dem Reden macht mir Angst. Willst Du dann immer die Probleme der letzten Wochen aufarbeiten?«*
Sie (einfühlend zuhörend): *»Du wärst also grundsätzlich bereit, befürchtest nur, ich würde mit Dir vor allem über Probleme reden wollen. Das ist Dir nicht ganz geheuer.«*
Er: *»Ja, genau!«*
Sie (erneute Ich-Aussage): *»Mir liegt daran, daß wir uns überhaupt wieder mehr miteinander austauschen. Das kann auch heißen zu erzählen, was Dich oder mich gerade beschäftigt. Ich weiß im Grunde viel zu wenig, was Dich so bewegt und Du weißt es auch nicht von mir.«*
Er: *»Na, gut, laß uns das mal machen. - In meinem Kalender sehe ich, daß es nächsten Mittwoch ginge. Würde Dir das passen?«*
Sie: *»Ja, sehr gut! - Ich hab' da allerdings noch einen Einwand: Wir hatten ähnliche Verabredungen ja auch früher schon. Dann hast Du plötzlich angerufen und gesagt, Du hättest noch was Unaufschiebbares zu erledigen und könntest nicht kommen. Das hat mich jedes Mal sehr frustriert.«*
Er: *»Das ist natürlich immer möglich, daß mal was dazwischen kommt. Meine Arbeit ist schließlich nicht irgendein Hobby.«*
Sie: *»Ich möchte mich gern vor einer Enttäuschung bewahren, wenn es doch einmal nicht klappt. Ich habe keinen Überblick, wann Du besonders viel Arbeit hast. Was hältst Du davon, wenn wir zu jedem Termin noch einen Ersatztermin vereinbaren, so daß Du nicht total gebunden bist und ich sicher sein kann, daß unser Gespräch sobald wie möglich stattfindet?«*
Er: *»Du bist ganz schön anspruchsvoll. Aber gut, am kommenden Sonntagabend hätte ich auch Zeit, wenn es am Mittwoch tatsächlich aus irgendeinem Grund nicht klappen sollte. Okay?«*
Sie: *»Okay, Sonntag paßt mir auch. Toll! Ich freue mich sehr, daß unser Gespräch jetzt so ein konkretes Ergebnis gebracht hat.«*
Er: *»Komm, laß Dich in den Arm nehmen.«*

Zu einem möglichen Mißverständnis vorweg: Es geht bei einem Konfrontationsgespräch nicht darum, starr nach Schema vorzugehen.
Zu Beginn ihrer Konfrontation hörte Marianne immer wieder einfühlend zu, bevor sie ihrem Mann mit erneuten Ich-

Aussagen deutlich machte, worum es ihr ging und was ihr Anliegen war. Marianne hielt sich zurück, gleich konkret vorzuschlagen, was sie von Ludwig möchte, denn vermutlich wäre von ihm starker Widerstand gekommen. Erst als Ludwig mehr Offenheit signalisierte (*»Ja, mir liegt ja auch daran, daß wir nicht nur nebeneinander herleben...«*), hat Marianne genauer gesagt, was sie sich wünscht. Hätte Ludwig auf ihren Vorschlag abwehrend reagiert, hätte Marianne wieder auf einfühlendes Zuhören umgeschaltet und ihn durch weitere Ich-Aussagen motiviert, einen eigenen Vorschlag zu machen.

### Vorbehalte, Zusatzvereinbarung und »Buße«

Wichtig ist, eventuelle Vorbehalte mit ins Gespräch zu bringen, wie es Marianne am Schluß getan hat. Es wäre unfair, eine Vereinbarung mit Ihrem Partner zu treffen und innerlich Vorbehalte zu bewahren. Nehmen wir mal an, ein Paar hat nach einem längeren Gespräch eine Vereinbarung miteinander getroffen. Unmittelbar danach sagt der Mann mit einem spöttischen Lächeln: *»Jetzt bin ich ja mal gespannt, ob das klappt. Bisher hat noch nie was geklappt, was wir miteinander ausgemacht haben.«*
Das ist eine Abwertung des Partners. Wenn Sie befürchten, daß Ihr Partner sich nicht an Vereinbarungen halten wird - vielleicht aufgrund negativer Erfahrungen in der Vergangenheit -, ist es wichtig, ihn zu diesem Punkt weiter zu konfrontieren und eine Zusatzvereinbarung zu treffen, wie sie im Falle des Scheiterns der Absprache weiterverfahren werden. In unserem Beispiel drängte Marianne auf die Vereinbarung eines Ersatztermins.
Die Zusatzvereinbarung könnte auch eine Form von »Buße« sein, die derjenige zu leisten hat, der die Vereinbarung bricht. Sinnvollerweise sollten Sie etwas vereinbaren, von dem Sie beide etwas haben und das Sie noch mehr verbindet: einen Abend total verwöhnt werden, feudal zum Essen ausgeführt werden, eine Woche den anderen bekochen, sich um etwas kümmern, was Sie sonst dem Partner überlassen. Was eine sinnvolle Buße ist, hängt von Ihrer Lebenssituation ab. Der tiefere Sinn ist, daß damit die Verfehlung abgegolten ist, vom »Sündenkonto« gestrichen wird und in künftigen Auseinandersetzungen nicht mehr erwähnt werden darf.

### Die Dringlichkeit des Anliegens deutlich machen

Zurück zum Thema Konfrontieren: Sie können Ihren Partner nicht zu einem gewünschten Verhalten zwingen, aber Sie erfahren durch die Konfrontation schneller als Sie es vermutlich gewohnt sind, was der andere wirklich bereit ist zu tun, um das Problem zu lösen. Indem Sie einfühlend zuhören, gelangen Sie schneller zum Kern des Widerstands.

Greifen wir das zweite Beispiel von Seite 48 nochmal auf:

Gudrun konfrontiert Richard: *»Das Videogerät ist schon einige Zeit kaputt und Du hast versprochen, es zu reparieren. Ich möchte sehr gern morgen den neuen Französisch-Sprachkurs aufnehmen, kann das aber jetzt nicht machen, weil das Gerät nicht funktioniert. Dadurch entgeht mir die Möglichkeit, den Kurs mitzumachen, weil ich meist nicht zu Hause bin, wenn die Sendung läuft. Ich bin frustriert darüber.«*

Er (abwehrend):*»Ich weiß noch nicht, ob ich es bis morgen reparieren kann.«*

Sie (einfühlend zuhörend): *»Du willst das nicht versprechen.«*

Er: *»Ja, das kommt jetzt so überraschend.«*

Sie (umschaltend auf erneute Ich-Aussage): *»Diese Sendung ist mir wichtig, weil ich gern mein Französisch auffrischen möchte. Ich möchte sie sehr gern aufnehmen.«*

Er: *»Eigentlich wollte ich heute abend die Steuer fertigmachen.«*

Sie (einfühlend zuhörend): *»Dir kommt diese Sache ganz ungelegen.* (Umschaltend zu ihrem Anliegen) *Für mich wäre dieser Sprachkurs eine gute Gelegenheit, ohne viel Aufwand was für mein Französisch zu tun. Wir wollten doch nächsten Sommer wieder mal nach Frankreich fahren.«*

Er: *»Wenn Dir soviel darin liegt, werde ich mich heute abend hinsetzen und das Gerät reparieren.«*

Es geht beim Konfrontieren darum, die Dringlichkeit Ihres Anliegens so deutlich zu machen, daß Sie beim anderen eine Resonanz bewirken.

Gudrun hat keine Vorwürfe im Stil von *»Wenn ich mal was von Dir will, hast Du nie Zeit für mich«* gemacht, sondern zwischen einfühlendem Zuhören und Ich-Aussagen hin- und hergeschaltet.

Durch Gudruns wiederholte Ich-Aussagen – das kann manchmal auch eine Wiederholung des immer gleichen Anliegens sein – wird ein innerer (Such)Prozeß bei Richard angeregt.

Die Lösung für das Problem kommt vom anderen, denn das ist die beste Garantie dafür, daß er sie auch umsetzen wird.

Beobachten Sie, was passiert, wenn Sie selbst einen Lösungsvorschlag machen. Häufig wird Ihr Partner verstärkt widersprechen und Erklärungen bringen, wieso es so nicht geht.
Indem Sie sich in Ihren Partner durch einfühlendes Zuhören hineinversetzen und gleichzeitig durch Ich-Aussagen bei Ihrem Anliegen bleiben, motivieren Sie ihn, selbst nach einer Lösung zu suchen.

**Nicht inhaltlich auf die Abwehr eingehen**
Fangen Sie keine Diskussion über Argumente an, denn das hieße, sich auf den Widerstand inhaltlich einzulassen, also zum Beispiel eine Erörterung darüber anzufangen, ob die Steuer wirklich so dringlich ist. Sie geraten dadurch in unfruchtbare Diskussionen, bei denen Sie leicht Ihr Anliegen aus den Augen verlieren können.

Konfrontieren Sie stattdessen immer wieder erneut mit der Beschreibung der Situation, wie sich sein Verhalten für Sie auswirkt und welche Gefühle und Bedürfnisse Sie haben. Bringen Sie wie Gudrun auf den Punkt, worum es Ihnen geht: *»Ich möchte gern die Lektionen aufnehmen können.«* Dadurch fällt es Ihrem Partner leichter, sich in Sie einzufühlen, insbesondere, wenn er nicht abgewertet wird. Hätte Gudrun gesagt: *»Ich möchte, daß das Videogerät wieder funktioniert«*, hätte Richard ihr persönliches Anliegen nicht so deutlich gehört und wäre vielleicht nicht in gleicher Weise motiviert worden.

## Das partnerschaftliche Klärungsgespräch

*»Wenn ich unsere Verbindung anschaue, schaue ich in einen Spiegel.
Ich sehe mich, ich sehe Dich.
Ich bin - und bleibe wahrscheinlich immer - in dem Prozeß gefangen, uns auseinanderzuhalten.«*
(Natalie Rogers)

Während Sie ein Konfrontationsgespräch jederzeit und mit jedem Gegenüber führen können, eignet sich das partnerschaftliche Klärungsgespräch insbesondere für Themen, für die Sie mehr Zeit brauchen, und nur dann, wenn Ihre Partnerin bereit und fähig ist, Ihnen ebenfalls zuzuhören.

Die Paare, die es beherrschen, miteinander konstruktive partnerschaftliche Klärungsgespräche zu führen, schaffen eine wesentliche Basis für eine langfristig funktionierende Beziehung. Auch wenn der Ausgangspunkt für ein solches Gespräch gewöhnlich ein Konflikt ist, wirkt die Erfahrung, ihn gemeinsam angehen zu können, sehr belebend und stärkend auf die Beziehung.
Voraussetzung für ein positiv verlaufendes partnerschaftliches Klärungsgespräch ist, daß beide bereit sind, nach den Regeln des Fairen Streitens miteinander einen Konflikt zu bearbeiten – also in Ich-Aussagen zu sprechen, das störende Verhalten zu beschreiben, den anderen nicht abzuwerten und einfühlend zuzuhören. Gewöhnlich gelingt das einem Paar nur, wenn beide guten Willens sind, ihre Konflikte miteinander offen und kooperativ anzugehen (→ Seite 11).
In schwierigen Situationen sollten Sie sich eine dritte Person suchen, die die Rolle des Vermittlers oder Klärungshelfers (die heute übliche Bezeichnung ist MediatorIn) übernimmt. Das könnte eine Freundin oder ein Freund sein, die Sie beide als VermittlerIn akzeptieren, oder dafür ausgebildete Therapeuten.

### Regeln für das Klärungsgespräch

Wichtig für das Klärungsgespräch ist, einen *geschützten Rahmen* zu schaffen.
- Bitten Sie Ihre Partnerin ausdrücklich um ein Klärungsgespräch, wenn Sie etwas irritiert oder Sie ärgerlich sind über ein Verhalten Ihrer Partnerin, zum Beispiel: *»Ich möchte über das Thema gern mal in Ruhe mit Dir reden. Wann hast Du Zeit?«*

Damit schaffen Sie einen Rahmen, in dem Sie beide sich ganz auf das Gespräch konzentrieren können, ohne durch etwas abgelenkt zu werden.

• Legen Sie gemeinsam einen Termin fest, der für Sie beide angenehm ist. Vielleicht haben Sie erst die nötige Ruhe, wenn die Kinder zu Bett sind, oder Sie müssen erst eine Arbeit abschließen, um den Kopf für ein solches Thema freizuhaben. Der Erfolg des Gesprächs hängt sehr wesentlich davon ab, daß Sie beide innerlich dafür bereit sind und nicht widerstrebend einen Ihnen wichtigen Termin opfern mußten.

**Bei einem Thema bleiben**

Die weit verbreitete Gewohnheit, von einem Punkt zum nächsten zu springen, ist eine der sichersten Methoden, Konfliktgespräche ergebnislos und für beide frustrierend enden zu lassen.

• Beschränken Sie sich auf einen Punkt statt einen ganzen Beschwerdenkatalog aufzuzählen. Es kann immer nur ein Punkt nach dem anderen besprochen werden, und meist ist es sinnvoll, sich zunächst auf ein wichtiges Thema zu beschränken. Denken Sie daran, es geht nicht darum, Ihre Partnerin als Schuldige festzumachen, sondern befriedigende Lösungen für ein Problem zu finden. Deshalb: Ein Thema ist genug für ein Gespräch.

Wenn Ihre Partnerin auf andere Themen zu sprechen kommt, sagen Sie: »*Wenn Dir dieses Thema wichtig ist, können wir darüber später reden. Jetzt würde ich gern bei diesem Thema bleiben. Ist das für Dich in Ordnung?*«

• Womöglich müssen Sie sich erst einigen, welches Thema behandelt werden soll, es sei denn, Sie haben von Anfang an klar gesagt, worüber Sie sprechen möchten.

**Bei sich selbst bleiben**

• Beschreiben Sie das Verhalten Ihrer Partnerin, das für Sie ein Problem ist, ohne es zu bewerten. Dabei ist es wichtig, daß Sie von sich selber sprechen, statt den anderen zu beschuldigen. Zum Beispiel können Sie statt des Vorwurfs »*Du zeigst deine Gefühle nicht*« sagen: »*Als wir über ... gesprochen haben, bist Du aufgestanden und in die Küche gegangen. Später hast du dann gesagt, daß Du Dich sehr geärgert hast. Ich würde in einem solchem Moment gern verstehen, was in Dir vorgeht und weshalb Du ärgerlich bist.*«

• Seien Sie wachsam für Abwertungen und Du-Botschaften. Wenn Sie sich selbst dabei ertappen, daß Sie in Du-Botschaften reden, könnten Sie das so korrigieren: »*Ich merke, daß ich die Sache jetzt so darstelle, als wenn Du schuld wärst. Mir geht es in diesem Gespräch aber nicht um die Frage, wer schuld ist, sondern wie wir die Sache für uns beide befriedigend lösen können. Ich will deshalb versuchen, die Sache nochmal anders auszudrücken.*«

Beschreiben Sie jetzt das störende Verhalten Ihrer Partnerin.

### Zeit lassen für das Ausdrücken von Gefühlen

- Teilen Sie sich Ihre Gefühle und Bedürfnisse mit und räumen Sie sich beiden genug Zeit ein, um alle Gefühle, Bedürfnisse und Verletzungen auszudrücken, ohne dabei jedoch den anderen anzuklagen. Akzeptieren Sie die Gefühle so, wie sie sind.
- Fragen Sie Ihre Partnerin, nachdem sie Ihre Botschaft wiederholt hat: *»Ich würde gern wissen, wie Du darüber fühlst.«* Damit bewirken Sie, daß sie nicht auf Ihre Gedanken reagiert, sondern ihre eigenen Gefühle mitteilt.
- Probleme können nur in der Gegenwart gelöst werden. Keine »alten Kamellen« aus der Vergangenheit hervorholen: *»Damals bei Deinem Seitensprung mit Bernd hast Du mich auch angelogen«.* Wenn Sie sich wegen eines Geschehens in der Vergangenheit noch unversöhnlich fühlen, sollten Sie das Ihrer Partnerin sagen. Manchmal löst sich eine Kränkung dadurch auf, daß der andere bereit ist, sich die Beschwerde einfühlend anzuhören, ohne sie abzutun oder zu verleugnen. Wenn dies nicht ausreicht, kann auch eine »Buße« (→ Seite 53) ausgehandelt werden.

### Zuhören

- Fordern Sie Ihre Partnerin zum Zuhören auf, wenn Sie das erste Mal ein solches Gespräch miteinander führen. Denn damit der Prozeß des gemeinsamen Klärungsgesprächs gelingt, sollten nicht nur Sie einfühlend zuhören. Sie könnten sagen: *»Bevor wir über das Thema sprechen, möchte ich gern einen Vorschlag machen. Ich möchte, daß wir, bevor wir etwas erwidern, zuerst sagen, was wir verstanden haben. Das soll sicherstellen, daß wir uns tatsächlich zuhören und verstehen. Bist Du bereit, das auszuprobieren?«*

Durch das Wiederholen dessen, was Sie vom anderen gehört haben, wird der »Schlagabtausch« vermieden, der sonst so schnell zu einer destruktiven Streitdynamik führt.

### Mini-Veränderungen anstreben

- Den Veränderungswunsch konkret benennen und flexible Mini-Veränderungen anstreben statt allgemeiner Maximalforderungen. Je konkreter Sie sich ausdrücken, umso einfacher ist es für Ihre Partnerin, auf Ihren Wunsch einzugehen und umso leichter läßt sich später feststellen, ob Ihr Wunsch erfüllt wurde.

Zum Beispiel: *»Ich möchte, daß wir alle zwei Wochen einen Abend nur für uns haben.«* statt *»Du sollst mehr Zeit für mich haben.«*

**Vereinbarungen aushandeln**

• Konkrete Vereinbarungen für die Zukunft aushandeln, das heißt, eine Vereinbarung treffen, die klar und unmißverständlich formuliert und für beide Seiten verbindlich ist. Beispiel: *»Jeden Mittwoch habe ich ab 19 Uhr einen freien Abend und Du übernimmst die Kinder. Sollte das einmal nicht möglich sein, vereinbaren wir einen anderen freien Abend für mich.«* Beide sollten der gefundenen Lösung ohne Vorbehalte zustimmen können.

• Was passiert nun, wenn sich eine Vereinbarung aus irgendwelchen Gründen nicht durchhalten läßt und einer der beiden starr darauf beharrt und den Partner als unzuverlässig beschuldigt? Das Bedürfnis zu bestrafen, Unerbittlichkeit und mangelnde Kooperationsbereitschaft sind Signale für alte »Rechnungen«, die noch offenstehen. Sie beide müßten sich dann Zeit nehmen, ausführlich über die Verletzungen in der Vergangenheit zu sprechen, aus denen das Mißtrauen resultiert. Die Basis einer guten Beziehung ist Vertrauen zueinander. Beziehungen, in denen Sie innerlich Vorbehalte gegeneinander hegen, sind Dauerstreß, weil Sie diese Vorbehalte schon bei geringfügigen Anlässen als Beschuldigungen ausdrücken werden.

• Es empfiehlt sich, einen Zeitpunkt festzulegen, an dem die Vereinbarung nochmal überprüft wird. Sollte sie nicht funktionieren, müßten Sie neu verhandeln.

## Ablauf eines Klärungsgesprächs

Der Ablauf des partnerschaftlichen Klärungsgesprächs gliedert sich in drei Phasen:

1. *Die Beschwerde vorbringen*
– Beschreibung des störenden Verhaltens und Ausdrücken der Bedürfnisse beider Partner
2. *Verhandeln*
– Aushandeln der Veränderung unter Berücksichtigung der Bedürfnisse beider Partner
3. *Vereinbaren*
– eine verbindliche Übereinkunft treffen

Ich will diese drei Phasen an einem Beispiel darstellen. Thema ist eine Beschwerde, die Bertram an seine Frau Anna hat. Er hat sie deswegen schon des öfteren konfrontiert, doch Annas Verhalten hat sich nicht grundlegend verändert. Da beide zusammen in

Urlaub fahren wollen, wird das Problem bald wieder akut sein. Bertram bat Anna deshalb um ein Klärungsgespräch. Beide sind interessiert daran, den Konflikt zu lösen.

**1. Die Beschwerde vorbringen**

Bertram beginnt mit der Beschreibung seiner Beschwerde.

Er: *»Wenn wir etwas gemeinsam vorhaben – einen Ausflug machen, zusammen ins Theater gehen oder ähnliches, passiert immer wieder das Gleiche: Wir machen eine Zeit aus, wann wir gehen wollen. Ich bin dann fertig und Du nicht. Im allgemeinen dauert es 20 Minuten oder noch länger, bis Du ausgehbereit bist. Ich bin jedesmal sehr frustriert.«*

Anna hat jetzt zuerst die Aufgabe, Bertrams Beschreibung seiner Beschwerde zu wiederholen, ohne etwas zu verdrehen oder Wesentliches wegzulassen:

Sie: *»Dein Problem mit mir ist, daß ich oft nicht fertig bin, wenn wir etwas zusammen unternehmen wollen und dafür eine Zeit ausgemacht haben.«*

Am Schluß sollte sie sich vergewissern: *»Habe ich Dich so richtig verstanden?«*, *»Stimmt das so?«*

Bertram bestätigt zuerst, ob Anna ihn richtig wiedergegeben hat, dann darf Anna ihrerseits sagen, wie sie die Situation oder das Problem sieht.

Sie: *»Es stimmt, ich brauche manchmal etwas länger. Aber ich muß ja oft noch Sachen erledigen, um die Du Dich nicht kümmerst, zum Beispiel für den Ausflug Essen für's Picknick einpacken oder das Geschirr in die Spülmaschine räumen. Dann komme ich zu mir selbst halt erst am Schluß, und das sieht für Dich so aus, als wenn ich für meine Toilette so lang brauche. Aber das ist nicht so.«*

Jetzt ist Bertram an der Reihe, wiederzugeben, was er gehört hat (beim Klärungsgespräch sollten Sie manches sogar *wortwörtlich* wiederholen. Damit bestätigen Sie: »Ich habe wirklich zugehört!).

Er: *»Du meinst, Du verspätest Dich oft, weil Du vorher noch Dinge erledigst, um die ich mich nicht kümmere. Deshalb würdest Du erst am Schluß dazu kommen, Dich selbst fertigzumachen.«*

Wenn Anna sich richtig verstanden fühlt, darf Bertram nun sagen, wie er die Situation erlebt.

Für Bertram dürfte an dieser Stelle die Versuchung groß sein, auf Annas Vorwurf einzugehen, daß er sich um einige Dinge nicht kümmern würde, und sich in diesem Punkt zu rechtfertigen. Da eine Veränderung der Aufgabenverteilung von Anna aber nicht thematisiert wurde, täte er gut daran, bei seinem Anliegen zu bleiben, anstatt durch eine Verteidigung und Erklärung ein weiteres Thema ins Gespräch zu bringen.

Er: *»Es mag sein, daß es da manchmal Sachen gibt, die Du vorher zu erledigen hast. Doch ich möchte Dir gern die letzte Situation von voriger Woche beschreiben, die ein Beispiel dafür ist, was ich schon häufig mit Dir erlebt habe. Ich meine das Essen bei meinem Chef. Ich hatte Dich vorher gebeten, diesmal pünktlich fertig zu sein, weil ich ungern zu spät bei ihm und seiner Frau erscheinen wollte. Wir hatten vereinbart, abends um sieben loszufahren. Du stehst um sieben vor dem Spiegel, fönst Deine Haare und sagst, Du brauchst noch fünf Minuten. Um viertel nach sieben warst Du dann fertig. Wir kamen 20 nach acht dort an. Ich war besonders frustriert, weil Du mir vorher ausdrücklich versprochen hattest, diesmal wirklich pünktlich fertig zu sein.«*

Bertram und Anna wechseln nun solange die Rollen, bis alle Irritationen und Gefühle ausgesprochen wurden und jeder sich sicher ist, daß der andere seine Bedürfnisse und seine Sichtweise des Problems verstanden hat – was nicht heißt, daß diese Sichtweise akzeptiert werden muß.
Sobald Anna also Bertrams Problem mit ihrem Verhalten versteht und anerkennt, beginnt die zweite Phase.

**2. Verhandeln**
Anders als bei der Konfrontation kann in der Phase des Verhandelns in einem partnerschaftlichen Klärungsgespräch ein *konkreter Veränderungswunsch* genannt werden. Es wird dann darüber verhandelt, inwieweit die Partnerin diesen Wunsch erfüllen will oder wie sie ihn abwandeln möchte.

Zurück zu Bertram und Anna:
Er: »*Ich wünsche mir, daß Du Dich künftig an Vereinbarungen hältst, also zum vereinbarten Zeitpunkt fertig bist. Da wir das ja schon so oft diskutiert und versucht haben, schlage ich zusätzlich vor: Du sagst mir frühzeitig, wenn Du merkst, daß es noch Dinge zu erledigen gibt, von denen ich Dir was abnehmen könnte. Meinetwegen könnten wir auch gleich dann, wenn wir einen Termin verabreden, darüber sprechen, was vorher erledigt werden muß, und diese Aufgaben aufteilen. Was meinst Du dazu?*«

Auch in dieser Phase des Gesprächs wird Anna zuerst Bertram zurückmelden, was sie gehört hat. Danach kann Anna ihre Einwände und Bedenken einbringen, sofern sie den Wunsch nicht in der vorgeschlagenen Form erfüllen will. Beide wechseln wieder solange die Rollen, bis sie eine für beide akzeptable Lösung finden. Sowohl Anna als auch Bertram können Ideen einbringen.

### 3. Vereinbaren

Nehmen wir mal an, Anna und Bertram haben sich darauf geeinigt, schon bei der Planung einer gemeinsamen Unternehmung darüber zu sprechen, was vorher zu erledigen ist, und die Aufgaben entsprechend aufzuteilen (zum Beispiel: »Wer übernimmt die Vorbereitungen für's Picknick?«). Sie vereinbaren, es so für die nächsten vier Wochen auszuprobieren und dann nochmal über ihre Erfahrungen zu sprechen.

Die Wirkung eines erfolgreichen Klärungsgesprächs können Sie durch eine Belohnung und gegenseitige Bestätigung vertiefen, entweder durch eine verbale Anerkennung, mit einer Umarmung oder einem Kuß. Das verstärkt die positive Erfahrung: Ja, wir können Konflikte gemeinsam klären.

### Beispiel: Die freie Stunde

Hier ein Beispiel für das *Verhandeln über Wünsche*, der einfacheren Form eines Klärungsgesprächs, das bereits mit der Stufe zwei beginnt, das heißt Sie rücken frühzeitig mit Ihrem Wunsch an den anderen heraus, bevor Sie anfangen, ärgerlich zu sein.

• Sabine und Norbert haben zwei Kinder von zwei und vier Jahren. Sabine ist zur Zeit Hausfrau, Norbert arbeitet täglich bis fünf Uhr in einem Büro. Sabine hat einen ganz konkreten Wunsch an Norbert. Der erste Teil eines Klärungsgesprächs (die Beschwerde) kann deshalb wegfallen. Sabine könnte aber auch mit einer Beschreibung der Situation beginnen, um Norbert ihren Wunsch verständlicher zu machen.
Sie: »*Ich wünsche mir, daß Du täglich für eine Stunde die Kinder nimmst, weil ich gern hätte, daß sie nicht nur an mir*

*hängen, sondern ihr auch miteinander einen engeren Kontakt aufbaut.«*

Er (gibt zuerst Rückmeldung): *»Du möchtest, daß ich täglich für eine Stunde die Kinder nehme, damit ich zu den Kindern mehr Kontakt habe und sie nicht nur an Dir hängen.* (Eigene Stellungnahme) *Ich habe mich doch bisher auch oft um die Kinder gekümmert, oft sogar viel länger als eine Stunde. Ich weiß nicht, ob ich mich verpflichten will, mich jetzt jeden Tag eine Stunde mit ihnen zu beschäftigen.«*

Sie (gibt zuerst Rückmeldung): *»Du bist Dir nicht sicher, ob Du Dich verpflichten willst, die Kinder jeden Tag für eine Stunde zu nehmen.* (Eigene Stellungnahme) *Mir bedeutet das viel, wenn ich weiß, Du machst jeden Tag etwas mit den Kindern. Ich glaube, diese Kontinuität ist für die Kinder wichtig, und ich würde auch gern jeden Tag einfach eine Stunde für mich haben, in der ich was machen kann, ohne daß die Kinder dauernd an mir dranhängen.«*

Er (Rückmeldung): *»Dir ist es gerade wichtig, daß es täglich ist – wegen der Kinder und auch für Dich selbst.*(Eigene Stellungnahme) *Ich wäre bereit, sie dreimal in der Woche zu übernehmen, denn manchmal muß ich was erledigen, wie zum Beispiel letzte Woche, als ich Ernst beim Bau seiner Garage geholfen habe, wo ich die Kinder nicht mitnehmen kann. Und die Wochenenden verbringen wir ja eh gemeinsam.«*

Sie: *»Du willst die Kinder nur dreimal unter der Woche nehmen, weil Du manchmal was zu erledigen hast. Und die Wochenenden möchtest Du ganz ausklammern, weil wir die nach Deiner Meinung eh gemeinsam verbringen. Ich möchte aber gern, daß Du sie jeden Tag für eine Stunde nimmst, auch an den Wochenenden. Wenn Du mal was machen mußt, wo Du Dich nicht um sie kümmern kannst, könnten wir darüber sprechen. Aber am Wochenende habe ich meistens auch die Kinder, sofern wir nicht was gemeinsam unternehmen. Deshalb möchte ich, daß Du sie auch am Wochenende für eine Stunde nimmst. Ich möchte einfach gern jeden Tag eine Stunde ohne Kinder sein.«*

Er: *»Dir liegt sehr daran, daß ich die Kinder täglich für eine Stunde nehme.* (Die Rückmeldung kann sich im späteren Verlauf eines Gesprächs, wenn sichergestellt ist, daß sich beide zuhören, auf den wesentlichen Punkt beschränken.) *Gut! Ich wäre bereit, täglich die Kinder für eine Stunde zu übernehmen, wenn ich dafür auch täglich eine Stunde für mich allein habe, in der ich mich zurückziehen kann, ohne daß jemand stört.«*

*Sie: »Ja, einverstanden! Damit habe ich kein Problem. Du nimmst täglich für eine Stunde die Kinder und kannst eine Stunde ungestört für Dich haben.«*

Im weiteren Fortgang des Gesprächs müßten sich Sabine und Norbert darüber einigen, ob es einen festen Zeitpunkt geben soll, zu dem er die Kinder nimmt und wann er sich zurückziehen kann (gleich nach der Arbeit, vor dem Abendessen oder zu keinem festen Zeitpunkt). Günstig wäre auch, wenn beide miteinander ausmachen, wie lange die »Probephase« dauern soll und wann sie sich über die gefundene Regelung nochmal unterhalten.

## Schwierige Fälle

Vielleicht sagen Sie nun, das ist ja alles schön und gut, aber mit meiner Partnerin beziehungsweise meinem Partner geht das alles nicht. Die / der ist überhaupt nicht dazu bereit, sich auf solche Gespräche einzulassen und tut das als »Psychokram« ab. Was machen Sie dann?
Konflikte gemeinsam bewältigen und sich aufeinander einzustellen sind so grundlegende Eigenschaften einer guten Beziehung, daß Sie einen hohen Preis zahlen (zum Beispiel in Form einer untergründigen Depression oder psychosomatischer Beschwerden), wenn Sie langfristig Ihre Bedürfnisse immer wieder zurückstellen. Deshalb empfehle ich Ihnen, einmal darüber nachzudenken, inwieweit diese Partnerschaft Ihnen das gibt, was Sie brauchen. Wieviel Zugeständnisse machen Sie, und wie glücklich fühlen Sie sich in dieser Beziehung? Lesen Sie hierzu weiter im Kapitel »Indirekte Aggression« (→ Seite 80).
Es kann aber auch sein, daß Sie die mangelnde Kooperationsbereitschaft Ihres Partners akzeptieren, weil Sie sich bewußt entschieden haben, in dieser Beziehung zu bleiben. Vielleicht meinen Sie, daß die Vorteile dieser Partnerschaft die Nachteile überwiegen, zum Beispiel weil Sie gemeinsam Kinder haben. In diesem Fall wäre es gut, wenn Sie Ihre Aufmerksamkeit darauf konzentrieren, wie Sie gut für sich selbst sorgen und sich selbst unterstützen, egal was Ihr Partner tut. Unabhängig davon, inwieweit Sie die hier empfohlenen Fair-Streit-Regeln mit Ihrem Partner anwenden können, werden sie Ihnen helfen, in vielen Situationen Ihres Alltags selbstbewußt und einfühlsam mit anderen Menschen umzugehen und somit Ihre persönliche Kompetenz erhöhen.

## Konflikte aufgrund verschiedener Wertvorstellungen

Sie wissen bereits, daß wir Konflikte danach unterscheiden, ob es um die Beeinträchtigung unserer Bedürfnisse geht oder um unterschiedliche Wertvorstellungen. Diese Unterscheidung ist notwendig, weil Sie für die beiden Konfliktarten unterschiedliche Bewältigungsmethoden brauchen. Mit den bisher vorgestellten Strategien können Sie *Bedürfnis*konflikte angehen. Doch wie lösen Sie Konflikte aufgrund von Wertkollisionen?

### Woran erkennen Sie Wertkonflikte?

Haben Sie manchmal das Gefühl, Sie streiten »um des Kaisers Bart«? Die Argumente Ihres Partners sind Ihnen nicht einsichtig und Sie können sie schwer nachvollziehen. Dann erleben Sie wahrscheinlich miteinander eine Kollision (das heißt einen Zusammenstoß) Ihrer Wertvorstellungen.
Dies sind unsere Bewertungen über das, was gut und richtig ist, was »sich gehört« und was »sich nicht gehört«. Wertvorstellungen sind häufig an dem verallgemeinernden *man* erkennbar. Es sind unsere tiefverwurzelten Überzeugungen, Meinungen und persönlichen Neigungen. Kollisionen der unterschiedlichen Wertvorstellungen werden in zwischenmenschlichen Begegnungen und erst recht in einer Partnerschaft unvermeidlich auftauchen.
Ob ein Problem ein Bedürfnis- oder ein Wertkonflikt ist, kann von Fall zu Fall unterschiedlich sein und ist abhängig davon, ob das störende Verhalten für Sie unmittelbare Folgen hat (→ Seite 45).

Hier ein paar Hinweise auf einen Wertkonflikt (nach Linda Adams):

- Sie akzeptieren das Verhalten Ihres Partners nicht, obwohl es Sie nicht unmittelbar beeinträchtigt.
- Ihr Partner weigert sich trotz Ihrer Konfrontation, sein Verhalten zu verändern, weil er Ihre Sichtweise nicht nachvollziehen kann oder will.
- Ihr Partner sieht in seinem Verhalten überhaupt kein Problem.

**Beispiel: Raucher**
*Nehmen wir an, Ihr Partner raucht auf der Terrasse. Sie stören sich daran, weil Sie sich um seine Gesundheit sorgen.*
Hier handelt es sich um einen Wertkonflikt, weil das Verhalten Ihres Partners Sie nicht unmittelbar beeinträchtigt. Raucht er dagegen im Wohnzimmer und die rauchige Luft stört Sie und Sie fühlen sich unwohl damit, handelt es sich um einen Bedürfniskonflikt.

### Beispiel: Wohnungsputz

*Ulla und Reinhard streiten sich wegen der wöchentlichen Reinigung der gemeinsamen Wohnung. Beide sind berufstätig. Ulla möchte gern, daß sie und Reinhard gemeinsam einmal in der Woche die Wohnung putzen. Reinhard meint, Putzen sei etwas so Unerfreuliches, daß er – da sie beide gut verdienen – lieber eine Putzfrau engagieren würde. Ulla daraufhin: »Das ist wieder mal typisch Mann, immer sind es die Frauen, die putzen sollen.« Sie ist gegen seinen Vorschlag, weil sie meint, er müßte auch einmal solche Arbeiten »erfahren«.*

Ullas Argumentation ist Hinweis auf einen Wertkonflikt. Ihre Wertvorstellung ist: Es gibt Arbeiten, die gewöhnlich von Frauen gemacht werden, und man muß Männer dazu »erziehen«, sie auch mal zu übernehmen.
Mit den Konfliktbewältigungsmethoden, die wir bisher vorgestellt haben, wird Ulla hier nicht weit kommen. Denn Bedürfnis- und Wertkonflikte sind zwar von der emotionalen Bedeutung, die sie haben können, gleichrangig, sie sind aber nicht in gleicher Weise beeinflußbar. Die Bearbeitung eines Wertkonflikts ist schwieriger und komplexer – sofern Sie nicht unmittelbar in der Befriedigung eines Bedürfnisses beeinträchtigt werden –, denn Sie werden Mühe haben, in für andere nachvollziehbarer Weise zu begründen, weshalb Ihr Partner sein Verhalten ändern soll.

Die Unterscheidung zwischen einem berechtigten Bedürfnis und einem Wunsch führt in Fair-Streit-Seminaren oft zu heftigen Diskussionen. Ein Mann sagte zum Beispiel: »*Ich habe das Bedürfnis, daß meine Frau eine gute Figur hat und etwas für ihre Fitness tut.*« Ein Gespräch im Freundeskreis kann unter Umständen helfen, solche »schiefen« Sichtweisen geradezurücken.

## Wertvorstellungen verändern

Wenn Sie einen Konflikt als Wertkonflikt erkennen, können Sie viel Energie sparen, indem Sie nicht um jeden Preis versuchen, Ihren Partner zu verändern, denn Wertvorstellungen lassen sich nicht direkt beeinflussen. Deshalb liegt der Schwerpunkt dieses Buches auf dem Umgang mit Bedürfniskonflikten. Trotzdem möchte ich Ihnen einige Hinweise geben, was Sie bei Wertkonflikten tun können.

### Verständnis füreinander entwickeln

Versuchen Sie, die Unterschiede zwischen sich und Ihrem Partner zu verstehen. Hierfür brauchen Sie einfühlendes Zuhören und die Fähigkeit, Ihre Vorstellungen abwertungsfrei in Ich-Aussagen mitzuteilen. Durch die Herausarbeitung der unterschiedlichen Wertvorstellungen werden Sie Wichtiges und Wesentliches voneinander erfahren.
Manchmal genügt dies, um Wertkonflikte zu entschärfen oder sogar aufzulösen.

### Konfrontieren

Konfrontieren Sie oder führen Sie ein Klärungsgespräch, wenn es in dem Wertkonflikt störende Verhaltensweisen Ihres Partners gibt, die Sie konkret beeinträchtigen. Dies könnte zum Beispiel in dem unter dem nächsten Punkt beschriebenen Beispiel von Otto und Sieglinde der Fall sein.

### Akzeptieren

Lernen Sie Unterschiedlichkeiten akzeptieren und damit leben. Hier ein positives Beispiel von einem »ungleichen Paar«, das zugleich zeigt, daß in einem Wertkonflikt viele kleine Bedürfnisse enthalten sein können. Sie alle ausfechten zu wollen, wäre ein endloser Kampf.

• Otto ist ein sehr pedantischer Mensch, seine Frau Sieglinde ist eher der Typ ›kreative Chaotin‹. Da Sieglinde für den Haushalt zuständig ist, entspricht die Ordnung im Haus längst nicht Ottos Vorstellungen von einem gemütlichen Heim. Nur in Ottos Arbeitszimmer ist alles penibel geordnet und aufgeräumt.
Dazu Otto: »*Ich habe inzwischen akzeptiert, daß Sieglinde in diesem Punkt einfach anders ist und wir uns da wohl nie annähern werden. Irgendwann habe ich begriffen, daß es ein endloser und aufreibender Kampf ist, sie verändern zu wollen, obwohl ich manchmal sehr unter*

*ihrer chaotischen Art leide. Wenn es mir zu sehr auf die Nerven geht, ziehe ich mich halt in mein Arbeitszimmer zurück und erinnere mich an Sieglindes Humor und Temperament. Das versöhnt mich wieder.*

**Die eigenen Wertvorstellungen ändern**
Es ist wichtig, daß Sie Ihre Wertvorstellung aufgrund Ihres eigenen Entschlusses verändern, also freiwillig und nicht, um sich den Vorstellungen Ihres Partners zu fügen.
Im Beispiel oben hat Otto seine Wertvorstellung nicht verändert, sondern versucht, sich mit Sieglindes Lebensstil zu arrangieren. Es wäre aber auch denkbar, daß er im Zusammenleben mit Sieglinde merkt, wieviel Zeit und Energie ihm seine Pedanterie kostet, und daß ihm eine größere Bereitschaft, öfter mal fünfe gerade sein zu lassen, mehr Lebensfreude und Zeit für Wesentliches schenkt. Aus dieser Erkenntnis heraus würde er in Sieglindes Verhalten mehr das Positive sehen und würde nicht mehr darunter leiden.
Dieser flexible Umgang mit Wertkonflikten erfordert natürlich einiges an Reife und Reflexionsbereitschaft.

**Kompetent beraten**
Nehmen wir an, Ihr Partner macht wenig für seine Fitness und neigt zu Übergewicht. Es ist in Ordnung, wenn Sie ihm einmal sagen – sofern er bereit ist, Ihnen zuzuhören –, daß Sie sich über seine Gesundheit Gedanken machen, und ihm erzählen, was Sie über die Zusammenhänge von Übergewicht, Bluthochdruck und Herzinfarktgefährdung wissen.
Wenn Sie es jedoch, ohne daß Ihr Partner darum gebeten hat, öfter wiederholen würden, wäre das keine kompetente, sondern eine penetrante »Beratung«.

Zur Beratung gehört auch, daß Sie Ihrem Partner die Freiheit lassen, Ihren Rat umzusetzen oder nicht.

**Die Beziehung verändern**
Die Beziehung durch Distanz (getrennte Schlafzimmer, getrennte Wohnungen oder überhaupt Trennung) zu verändern, kann ein letzter Ausweg sein, wenn Sie feststellen, daß Ihre Wertvorstellungen und auch Ihre Bedürfnisse sehr stark auseinandergehen und Ihr Partner nicht bereit ist, sich mit Ihnen fair darüber auseinanderzusetzen.

## Kleine Selbstbefragung

Bitte überlegen Sie einmal für sich:
• Welche Konfliktthemen gibt es aktuell in Ihrer Partnerschaft?
• Sind diese Konfliktthemen bereits angesprochen worden – und wenn ja, von wem?
• Handelt es sich um Bedürfnis- oder Wertkonflikte?
• Wann und auf welche Weise möchten Sie sie bearbeiten?
• Überlegen Sie den ersten Schritt, den Sie dafür tun wollen.
Wenn es sich zum Beispiel um ein störendes Verhalten handelt, als ersten Schritt ein Konfrontationsgespräch führen.

Überlegen Sie, wie Sie die konfrontierende Ich-Aussage formulieren, mit der Sie beginnen.

Sollten Sie mit Ihrem Partner ein Klärungsgespräch führen wollen, weil Sie das Thema für komplex halten, wäre der erste Schritt, ihn zu fragen, ob er zu einem solchen Gespräch bereit ist, und dann einen Termin dafür zu vereinbaren.

# Fairness und Gefühle

*»Wir glauben überhaupt nicht, daß es gut ist, die eigene Verletzlichkeit über alles zu erheben. Aber wir möchten kategorisch feststellen, daß die Bewußtheit des einzelnen für die eigene Verletzlichkeit absolut notwendig ist, damit eine Beziehung lebendig und intim bleibt, wächst und an Tiefe gewinnt.«*
(Hal und Sidra Stone)

In diesem Teil des Buches möchte ich besonders auf die Aspekte eingehen, die in der Praxis die Umsetzung der Fair-Streit-Regeln immer wieder erschweren: dabei geht es mir vor allem um das Thema Gefühle, insbesondere um Ärger- und Wutgefühle, die ja in allen Streitsituationen - auch und gerade in Beziehungen - da sind.

## Über den Umgang mit Gefühlen

Gefühle in nahen Beziehungen sind ein heikles Thema. So beglückend es für ein Paar ist, sich nah zu sein, wenn sich beider Gefühle im positiven Bereich bewegen, sie also voll Vertrauen und Liebe miteinander umgehen können, so kompliziert werden Beziehungen, wenn Gefühle wie Enttäuschung, Eifersucht, Ärger, Trauer und Trennungsangst aufkommen. Hal und Sidra Stone, zwei amerikanische Psychotherapeuten, sagen in ihrem Buch »Wenn zwei sich zu sehr trennen...« zu diesem Punkt:

*»Der Schlüssel liegt darin, sich der uns allen innewohnenden Verletzlichkeit bewußt zu sein und sich über sie auszutauschen, während man auf der anderen Seite auch mit der eigenen Stärke in Kontakt bleibt. Zu einem anderen Menschen zu sagen: 'Meine Gefühle sind durch das, was heute geschehen ist, verletzt worden, und ich ärgere mich schrecklich', ist nicht Zeichen von Schwäche, sondern vielmehr von innerer Stärke. ... «*

An verschiedenen Punkten habe ich bereits etwas zum Umgang mit Gefühlen gesagt (→ Seite 22). Hier möchte ich zuerst kurz zusammenfassen, was Sie beim Umgang mit Gefühlen beachten sollten. Danach werde ich ausführlich auf einen Gefühlsbereich eingehen, der uns in Konfliktsituationen besonders betrifft, die Aggression.

## Wie gehen Sie mit Ihren eigenen Gefühlen um?

Auf Seite 23 haben Sie bereits erfahren: nicht der andere »macht« Ihnen Gefühle, sondern Sie selbst sind für das, was Sie fühlen, verantwortlich.
Vielleicht gehören Sie auch zu den Menschen, die » verantwortlich« mit »schuldig« übersetzen, doch das ist nicht der Punkt, um den es geht.
In welchen Gefühlszuständen wir uns aufhalten, hat viel mit unserer persönlichen Lebensgeschichte zu tun. Beschuldigen und herausfinden wollen, wer schuld ist, ist für viele Menschen eine zentrale Frage bei Auseinandersetzungen, bringt Sie aber nicht weiter.
Eine hilfreiche Frage ist:
- Wie können wir die Situation zu unserer beidseitigen Zufriedenheit verändern?

Natürlich kann Ihre Partnerin durch ihr Verhalten Gefühle bei Ihnen auslösen, aber die Verantwortung, welche Gefühle Sie entwickeln, tragen Sie selbst. Diese Haltung drückt sich im Gespräch in der Ich-Aussage *»Ich bin wütend«* statt dem herkömmlichen *»Du machst mich wütend«* aus.

Hier einige Regeln für den Umgang mit Ihren eigenen Gefühlen beim Fairen Streiten:

- *Akzeptieren Sie Ihr Gefühl, so wie es ist, denn es stellt eine wichtige Verbindung her zu Ihrem inneren Erleben.* Wir sollten es würdigen, auch wenn es durch das, was wir denken oder was wir uns »erlauben« zu fühlen, gefärbt ist. Ein Unterdrücken oder »Weganalysieren« von Gefühlen schadet uns und unserer Beziehung.
- *Drücken Sie Ihr Gefühl direkt aus gegenüber der Person, die das Gefühl ausgelöst hat.* Durch den Ausdruck unserer Gefühle stellen wir eine wichtige Verbindung zum anderen her. Manchen fällt das schwer, weil es natürlich auch immer mit einem Risiko behaftet ist: der andere könnte zurückweisend reagieren oder meine Gefühle als Belastung empfinden.
- *Äußern Sie Ihr Gefühl als Ich-Aussage,* also ohne Anklage und beschreiben Sie, welche Situation oder Verhaltensweise Ihrer Partnerin Ihr Gefühl ausgelöst hat.
- *Benennen Sie Ihr Gefühl konkret* und beschreiben Sie gegebenenfalls, welche Empfindungen Sie in Ihrem Körper wahrnehmen, statt es allgemein zu bewerten (*»Ich bin traurig und spüre einen Druck in meiner Brust«* statt *»Ich fühle mich schlecht«*).
- Manchmal kann es - um Mißverständnissen vorzubeugen - sinnvoll sein, Ihrer Partnerin gegenüber ausdrücklich zu betonen, daß sie nicht verantwortlich ist für Ihr Gefühl.

## Wie gehen Sie mit den Gefühlen anderer um?

Einfühlend zuhören und anwesend sein ist immer hilfreich, wenn jemand Gefühle mitteilt, und manchmal sogar schon genug.

- Sie brauchen nichts zu tun, um den Schmerz von jemand zu lindern. Das bezieht sich natürlich nur auf Probleme, die Ihre Partnerin selbst lösen muß.
- Manchmal – nicht immer! – ist es eine Hilfe für Ihre Partnerin, sich über ihre Gefühle klarzuwerden, wenn Sie ihr sagen, welche Gefühle Sie bei ihr wahrzunehmen meinen und sie fragen, ob dies stimmt (*»Ich habe den Eindruck, daß du ärgerlich bist. Stimmt das?«*). Das darf natürlich nicht ironisch klingen. Nur zu häufig glaubt sie ja, Sie seien »schuld« an ihren Gefühlen!
- Teilen Sie Ihre eigene gefühlsmäßige Reaktion auf die Gefühle Ihrer Partnerin mit, aber ohne Anklage. Wenn sie ihre Gefühle sehr heftig ausdrückt, zum Beispiel sehr wütend ist, können Sie sagen, was dadurch bei Ihnen an Gefühlen ausgelöst wird. Deswegen müssen Sie ihr Gefühl nicht als schlecht bewerten.
- Übernehmen Sie nicht die Verantwortung für die Gefühle Ihrer Partnerin. Sie können ihr aber Einfühlung zeigen, indem Sie sie fragen: *»Bist Du traurig, weil ...(Du nicht das bekommen hast, was Du Dir gewünscht hast)?«*

### Wünsche und Forderungen, Geben und Nehmen

Vielleicht ist es Ihnen aufgefallen: Beim Fairen Streiten ist oft von Bedürfnissen die Rede. Bedürfnisse und daraus abgeleitete Erwartungen und Wünsche haben in einer Partnerschaft zentrale Bedeutung. Denn gewöhnlich haben wir uns für einen Partner entschieden, weil er unsere Bedürfnisse erfüllt. Und gleichzeitig ist es wichtig für eine befriedigende Beziehung, daß beiden Partnern die Freiheit bleibt, Wünsche des anderen *nicht* zu erfüllen und eigene Wege zu gehen.

Sie können jeden Wunsch ausdrücken, solange Sie Ihrem Partner die Freiheit lassen, ihn zu erfüllen oder nicht. Andernfalls wird er zu einer Forderung.

Er sagt meinetwegen: *»Ich will übers Wochenende zu meinen Eltern fahren und möchte gern, daß Du mitkommst.«* Ist das ein Wunsch oder eine Forderung?
Sie können es manchmal am Ton und der Formulierung erkennen, ob Ihr Partner einen Wunsch oder eine Forderung äußert. Doch ganz eindeutig können Sie es erst später erkennen, nämlich an sei-

ner Reaktion und seinem weiteren Verhalten Ihnen gegenüber, wenn Sie auf seine Bitte eingehen oder nicht. Für nicht erfüllte Forderungen werden wir häufig bestraft, zum Beispiel durch emotionalen Rückzug, Schweigen, Ärger und Gekränktsein.
Die Schwierigkeit liegt darin, zu akzeptieren, daß Sie zwar vielerlei Wünsche haben können, aber nicht den Anspruch haben sollten, daß Ihr Partner sie erfüllt. Auf Dauer entsteht daraus natürlich nur dann eine befriedigende Beziehung, wenn beide Partner an und für sich bereit sind, sich gegenseitig Wünsche zu erfüllen, und es nur hin und wieder Situationen gibt, in denen die Bedürfnisse deutlich auseinandergehen.

Wenn Sie also am Wochenende mit zu seinen Eltern fahren, sollten Sie das nur tun, wenn Sie es nicht als »Opfer« empfinden, für das Ihnen Ihr Partner etwas schuldig ist. Tun Sie nur das, was Ihnen selbst Freude macht. »Opfer« sind eine schwere Hypothek in einer Partnerschaft.
Beziehungen werden sehr verwickelt, wenn wir von der Idee »offenstehender Rechnungen« ausgehen: Ich habe das für Dich getan, nun mußt Du das für mich machen. Die Lösung ist:

- Jeder sorgt selbst für die Befriedigung seiner Bedürfnisse, indem er auf der einen Seite klar mitteilt, was er braucht, und auf der anderen Seite nur das tut, wozu er innerlich bereit ist, damit nicht das Gefühl bleibt, der andere sei noch etwas schuldig.

Hiermit komme ich gleich zu einem weiteren wichtigen Thema in Beziehungen, dem Gleichgewicht von Geben und Nehmen. Wenn einer der Partner sehr häufig sich selbst übergeht und es dem anderen recht machen will oder sich dessen Bedürfnissen unterordnet, gerät eine Beziehung ins Ungleichgewicht und zerbricht früher oder später; oder die Partner ziehen sich innerlich voneinander zurück, ohne daß der Konflikt offen ausgetragen wird.
Interessanterweise ist es häufig der Partner, der in der Beziehung »mehr« bekommt, der das als erster als Belastung empfindet und sich zurückzieht – anscheinend stehen wir nicht gern als Schuldner da.
Die Konsequenz daraus:

Sich nah sein, heißt auch Konflikte riskieren, indem Sie Ihre Bedürfnisse wichtig nehmen. Es ist nicht möglich, Ihre Bedürfnisse auf längere Sicht zu ignorieren, ohne daß sich das auf Ihre Beziehung negativ auswirkt.

## Ärger und Wut ausdrücken – oder besser nicht?

Ärger- und Wutgefühle sind häufig die erste Reaktion, wenn wir an der Befriedigung eines Bedürfnisses gehindert werden. Nehmen wir einmal an, Sie haben mit Ihrem Partner vereinbart, daß er zu einer bestimmten Zeit kommt,

um die Betreuung der Kinder zu übernehmen, weil Sie einen wichtigen Termin haben. Er kommt nicht. Als Sie ihn im Büro anrufen, erfahren Sie, daß er die Vereinbarung vergessen hat.
Ärger ist in einer solchen Situation eine normale Reaktion. Dieser spontane Ärger verraucht aber schnell. Er ist auf eine gegenwärtige Situation bezogen und die angemessene Reaktion auf eine momentane Frustration.

Dies sind »gesunde« Formen von Ärger und ihnen Ausdruck zu verleihen ist eine sinnvolle Form der Selbstbehauptung. Vielleicht beobachten Sie bei sich, daß Sie das Versäumnis, nachdem Sie erfahren haben, weshalb Ihr Partner nicht kommt und Sie die Dinge anders regeln konnten, später am Abend schon fast vergessen haben. (Anders ist es, wenn Sie schon des öfteren mit Ihrem Partner frustrierende Erfahrungen bezüglich Verläßlichkeit gemacht haben. Vielleicht braucht es dann eine Art von »Buße« (→ Seite 53), damit Sie bereit sind, ihm seine Unzuverlässigkeit nachzusehen.)

### Aktueller und »alter« Ärger

Es gibt jedoch auch Formen, Ärger und Wut auszudrücken, die keine angemessene Reaktion auf eine frustrierende Situation sind. Nehmen wir an, Sie sind ihrem Mann bitterböse und nicht bereit, ihm die Vergeßlichkeit zu verzeihen. Dahinter steckt vielleicht, ohne daß Sie sich dessen bewußt sind, der Glaube »Männer halten ihre Angelegenheit immer für wichtiger und nehmen Frauen nie wirklich ernst« (beachten Sie die Verallgemeinerungen und Übertreibungen, ein Hinweis auf Abwertung). Dahinter könnte eine frühkindliche Erfahrung stehen, zum Beispiel daß Sie als Mädchen häufig hinter Ihrem Bruder zurückstehen mußten. Die Bereitschaft, sich in übertriebenen Ärger hineinzusteigern, wäre hier die Folge von unterdrücktem Ärger, der in früheren frustrierenden Erfahrungen nicht ausgedrückt werden konnte. Erkennbar ist das an der Unversöhnlichkeit, die in dieser Form des Ärgers enthalten ist, und daß andere sich nur schwer in die Heftigkeit des Gefühls einfühlen können. (→ Seite 76)

### Wohin mit dem Ärger?

Was machen Sie, wenn Sie feststellen, daß Sie viel »alten« Ärger haben und bei jeder Kleinigkeit gleich in die Luft gehen?

Die Erkenntnis allein ist schon ein wichtiger Schritt. Es geht gar nicht darum, dieses Gefühl zu verdrängen. Sie können aber lernen, Ärger *auszudrücken* statt *auszuagieren*, denn darin besteht ein wesentlicher Unterschied.

• *Ärger ausagieren* bedeutet, Sie sehen den anderen als Ursache für Ihren Ärger und versuchen, ihn irgendwie zu bestrafen: Sie schreien herum, knallen mit Türen, ziehen sich beleidigt zurück, sind unansprechbar, wenn er mit Ihnen zusammen sein möchte.

• *Ärger ausdrücken* bedeutet dagegen, über den Anlaß Ihres Ärgers zu sprechen, indem Sie die Situation beschreiben und was sie bei Ihnen bewirkt, kurz: die Grundregeln Fairen Streitens zu beachten. Sie können ruhig sagen, daß Sie ärgerlich sind und dürfen dabei auch verärgert klingen. Sie brauchen nicht fromm zu säuseln, wenn Sie wütend sind. Wichtig ist, daß Sie den anderen als Auslöser, aber nicht als Verursacher oder Schuldigen für Ihren Ärger sehen. Die Verantwortung dafür, daß Sie sich ärgern, tragen Sie allein.

### Ärger offen ausdrücken

Machen Sie deshalb Ihrem Partner in Ich-Aussagen deutlich, was Sie fühlen. Wenn er bereit ist, Ihnen einfühlend zuzuhören, dringen Sie vielleicht eher zu den Wurzeln dieses Gefühls vor. Wichtig ist die Trennung zwischen dem aktuellen Anlaß und dem, was Sie aufgrund Ihrer Bereitschaft, sich ärgern zu wollen, hinzutun.

Hinter Ärger kann auch die Angst stehen, sich nicht durchsetzen zu können –

## Warnhinweise für »alten« Ärger

Es gibt ein paar Anzeichen dafür, wie Sie herausfinden können, ob ein Ärger, den Sie im Moment empfinden, angemessen und »aktuell« ist oder ob er aus einer alten unausgedrückten Verletzung resultiert:
1) *Ist der Ausdruck dem Anlaß angemessen?* Gerate ich wegen einer Kleinigkeit in Wut?
2) *Ist es der richtige Ort?*
Drücke ich meinen Ärger in einer Situation aus, die für den anderen zusätzlich belastend wirkt, zum Beispiel im Kreis von Freunden, oder sage ich es unter vier Augen?
3) *Ist es der richtige Zeitpunkt?*
Rücke ich mit meinem Ärger erst lange nach dem auslösenden Ereignis heraus oder sobald als möglich?
4) *Ist der Ärger an die betreffende Person gerichtet?*
Erzähle ich meinen Ärger der betreffenden Person oder einem Dritten?
5) *Ist der Ärger danach verraucht?*
Kann ich den Ärger danach wirklich loslassen und dem anderen verzeihen, vielleicht nachdem er sich entschuldigt hat oder eine angemessene Wiedergutmachung vorschlug, oder fühle ich mich unversöhnlich?

Das ist natürlich kein wissenschaftlicher Test, aber wenn Sie mehr als drei Fragen verneinen müssen, handelt es sich um aufgestauten »alten« Ärger, bei dem das auslösende Ereignis bloß ein Anlaß ist, »mal wieder Dampf abzulassen«.

weshalb Sie von vornherein auftrumpfen, um den anderen einzuschüchtern. Ärger kann also ein Hinweis sein, daß Sie sich unterlegen fühlen, ein wichtiger Aspekt gerade für Frauen.
Für Menschen, die handgreiflich werden, gilt wiederum: Handgreifliche Wut in Beziehungen ist im Grunde Ausdruck von Ohnmacht – der Partner hat keine andere Ausdrucksform zur Verfügung, um zum Beispiel seine Verzweiflung oder Wut auszudrücken, als körperliche Gewalt.
Auch Gefühle, die Sie sich nicht »erlauben« bewußt zu empfinden oder auszudrücken, wie Verletzlichkeit, Scham, Eifersucht und Neid, können mit einem Ärgergefühl überdeckt werden.
Doch selbst wenn Ärger manchmal für Sie - bewußt oder unbewußt - die Funktion hat, andere Gefühle zu verbergen, wird es Ihnen helfen, diesen Ärger

in einem vertrauensvollen Rahmen (das kann Ihr Partner, eine gute Freundin oder eine therapeutische Gruppe sein) verbal auszudrücken, weil dann das dahinterliegende Gefühl leichter zum Vorschein kommen kann.

**Beispiel:**
*Lisa sagt ihrem Freund Franz, wie sehr sie sich über eine Bemerkung von ihm ärgere, mit der sie sich vor seinen Freunden bloßgestellt fühlte. Während sie das Franz erzählt, wird ihr bewußt, daß ihr Gefühl eigentlich nicht Ärger ist, sondern daß sie sich durch sein Verhalten verletzt fühlt.*

Wenn Lisa sich Franz gegenüber nicht verteidigen muß, wird es ihr allein durch das Erzählen möglich, das zugrundeliegende Gefühl des Verletztseins zuzulassen (manchmal erinnern Sie sich in einem solchen Moment auch an ähnliche, weit zurückliegende Erfahrungen, zum Beispiel aus der Kindheit). Lisa fühlt sich deutlich erleichtert und spürt, wie der Ärger verfliegt, nachdem sie Franz sagen konnte, was sie fühlt, und er ihr zuhörte, ohne sie abzuwerten oder sich selbst zu rechtfertigen.
Die ganz hohe Kunst des Umgangs mit Ärger wäre, wenn Sie für sich untersuchen können, was die Ursache Ihres Ärgers ist, ohne daß Sie ihn ausdrücken müssen. Voraussetzung hierfür ist, daß Sie gelernt haben, zu sich selbst wohlwollend zu sein und somit nicht auf die Hilfe einer anderen Person angewiesen sind. Bis Sie soweit sind, erlauben Sie sich ruhig, die Unterstützung durch Freunde in Anspruch zu nehmen.

## Abreagieren und klären

In einem Streit lassen sich zwei Stadien der Auseinandersetzung unterscheiden:
- Erstens: Abreagieren der Gefühle,
- Zweitens: Das klärende Gespräch.

**Erstes Stadium:**
**Abreagieren der Gefühle**
Sie sind unmittelbar betroffen und folglich ärgerlich, wütend oder gekränkt - hier hagelt es gewöhnlich Du-Botschaften, zum Beispiel *»Du bist rücksichtslos und denkst nur an Dich«*, *»Nie kann man sich auf Dich verlassen«* und dergleichen. Diese Freiheit, auch mal heftig zu werden, sollten wir uns einräumen. Im Konzept der »Kreativen Aggression« nach George R. Bach gibt es deshalb ein Streitritual (den »Vulkan«), das dazu dient, in einem geschütztem Rahmen unter Einhaltung bestimmter Regeln (zum Beispiel darf dabei niemand geschlagen oder sonstwie körperlich verletzt werden) alle Wut, die Sie im Moment spüren – und noch ein bißchen mehr – entladen werden darf. Das ist

auch deshalb hilfreich, weil dabei viel »alte« Wut zum Vorschein kommen kann und dadurch, daß sie ausgedrückt wird, nicht mehr weiter im Verborgenen Unheil anrichtet.
Natürlich ist das Stadium des Abreagierens nicht immer notwendig. Doch die wenigsten Menschen gehören zu den »fortgeschrittenen Streitern«, die mit ihrem Ärger so bewußt umgehen können, daß sie ihn nicht mehr auszudrücken brauchen.

**Zweites Stadium:**
**Das klärende Gespräch**
Dies ist die Ebene, mit der wir uns bereits ausführlich befaßt haben. Erst wenn Sie akuten Ärger ausgedrückt haben, hat es Sinn - unter Beachtung der Fair-Streit-Regeln - darüber zu sprechen, was passiert ist: *Was war der Anlaß für meinen Ärger? Was erwarte ich von Dir? Was willst Du?*

Der Sinn einer Unterscheidung dieser beiden Streitstadien liegt darin, sich gegenseitig zu erlauben, auch mal Ärger zu entladen, ohne daß Sie sich jedes in der Wut gesagte Wort ewig nachtragen. Gerade für übertrieben Harmoniebedürftige und Leute, die nie ein lautes Wort über die Lippen bringen, wird der lebendigere und anschaulichere Ausdruck von Ärger eine Bereicherung sein. Der Hamburger Psychologie-Professor Friedemann Schulz von Thun schreibt in seinem Buch »Miteinander reden 2«, daß man ein gelegentliches *»Du bist schuld!«* und *»Es ist wirklich furchtbar mit dir!«* nicht völlig abschaffen sollte, denn:

*» Eine Kommunikationpsychologie, die das Schimpfen und Klagen, Nörgeln und Jammern, Beschuldigen und Polemisieren ganz abschaffen wollte, würde ihren gelehrigen Musterschülern einen Sonntagsanzug verpassen, unter dem noch der alte Adam vernehmlich knurrt ...*
*Diese einseitige Ausrichtung ist besonders für solche Menschen nicht entwicklungsfördernd, die von Haus aus eher selbstbeschuldigend, aggressionsgehemmt, depressiv und harmoniesüchtig sind; für sie ist die zornige Du-Botschaft eine wesentliche Bereicherung ihrer Verhaltensmöglichkeiten, sie müssen (erst einmal) lernen zu schimpfen.«*

• Wenn Sie Ihre Gefühle immer unterdrücken, begreift Ihr Partner womöglich nicht, wie sehr Sie sich verletzt fühlen und kann sich nicht in Sie einfühlen.
• Wenn Streit andererseits immer im ersten Stadium des Ausdrucks von Ärger und Wut steckenbleibt, ohne ein nachfolgendes klärendes Gespräch, wird das Problem nicht gelöst.
Diese, man könnte sagen, *unvollendete* Form des Streits ist es, was viele Men-

schen als so frustrierend erleben.
Wir brauchen also beides: sowohl die Fähigkeit, auch mal Ärger direkt und unverblümt auszudrücken, und daneben die Fähigkeit, Konflikte in einem fairen Dialog zu klären.
Beim Ausdrücken von Ärger und Wut lassen sich jedoch konstruktive von feindseligen Tendenzen unterscheiden.

## Konstruktive oder feindselige Aggression

Unsere übliche Einstellung zum Ausdruck von Aggression ist: ausweichen – vermeiden – besänftigen - *»Um Gottes Willen, bloß keinen Streit!«*
Die aggressive Energie hat aber neben ihrem Potential zur Zerstörung eine sehr wichtige positive Funktion - auch in intimen Beziehungen. In ihr drückt sich Kraft, Entschlossenheit, Selbstbewußtsein, Selbstbehauptung und die Fähigkeit zur Empörung über Ungerechtigkeit aus. Die aggressive Energie ist vitale Lebenskraft und eng mit der Sexualität verknüpft. Sexualität ohne eine Prise aggressiver Energie wäre recht langweilig.
Wenn wir Ärger und Frustration in einer intimen Beziehung empfinden, sie aber nicht ausdrücken, stauen sich diese Gefühle an und verwandeln sich allmählich in *destruktive Aggression*, die den anderen bewußt verletzen will.
Konstruktiver Ausdruck von Ärger und Wut rückt dagegen die schmerzenden Punkte, wo wir uns durch das Verhalten unseres Partners verletzt fühlen, ins Zentrum der Aufmerksamkeit. Sie zielt auf eine Änderung des Verhaltens, aber nicht auf die Zerstörung der Beziehung. Konstruktive Aggression bringt Energie zum Fließen und ist damit Ausdruck von Kraft und Lebendigkeit.

**Konstruktive Aggression zielt auf:**
- Information über Bedürfnisse und emotionale Verletzungen
- Selbstbehauptung
- Veränderung

**Kennzeichen feindseliger Aggression sind:**
- Ansammeln negativer Gefühle
- »Schläge unter die Gürtellinie«, um den anderen zu verletzen und zu bestrafen
- Indirekte Aggression

Auf den Aspekt der indirekten Aggression möchte ich im nächsten Kapitel noch näher eingehen.

## Indirekte Aggression

Manche von Ihnen sind vielleicht in eine Beziehung verwickelt, in der Sie sich unglücklich fühlen und in der Ihre Bemühungen, fair miteinander umzugehen, erfolglos bleiben, ohne daß Sie sich aber aus der Beziehung lösen können. Der Grund für dieses nicht so recht greifbare Beziehungselend könnte indirekte Aggression auf seiten Ihrer Partnerin sein, gegen die Sie sich nicht zu behaupten wissen. Solche Verwicklungen in einer Beziehung zu erkennen ist wichtig, da Sie sich mit all Ihren Bemühungen um faire und einfühlsame Kommunikation aufreiben würden, wenn Ihre Partnerin mit Ihnen nicht offen und ehrlich umgehen will, womöglich weil sie es aus ihr selbst nicht einmal bewußten Gründen einfach nicht kann.

Manche Menschen haben frühe Enttäuschungen und Wutgefühle in ihrer Kindheit so sehr verdrängen müssen, daß ihnen nicht mehr bewußt ist, wie sehr diese Gefühle immer noch in ihnen präsent sind und wie sie sie übertragen auf Menschen, die ihnen nahestehen (so daß sie die unausgedrückte Wut gegenüber ihrer Mutter beispielweise jetzt gegenüber ihrer Partnerin empfinden).

Ein Grund, weshalb Ihre Partnerin Ärger und Wut nur indirekt ausdrückt, könnte sein, daß sie vor einem offenen Konflikt Angst hat. Womöglich fürchtet sie, Sie zu verlieren, wenn sie Gefühle, wie Ärger, Wut, Enttäuschung, Eifersucht oder Neid offen eingesteht.

### Wie sich indirekte Aggression äußert

Indirekte Aggression kann sich äußern durch Hinhalten, Vergeßlichkeit, Zuspätkommen, Termine kurzfristig absagen oder keine Zeit haben, ständig moralisieren, kritisieren und den anderen analysieren, sexuelle Verweigerung, emotionale Distanz und Einsilbigkeit.

Selbstverständlich ist nicht jedes Zuspätkommen oder jeder Wunsch nach sexuellem Rückzug Ausdruck indirekter Aggression. Das Irritierende und Verunsichernde an indirekter Aggression ist gerade, daß sie nicht so ohne weiteres erkennbar und greifbar ist, denn die aufgeführten Verhaltensweisen können natürlich auch andere Ursachen haben. Ihre Partnerin verhält sich in einer Weise, die oberflächlich gesehen normal und unauffällig erscheint, oft sogar verbunden ist mit einem ausgesucht freundlichen Tonfall oder Verhalten. Sie sind aber irritiert und empfinden eine untergründige Aggression ihrerseits.

An dieser Stelle sollten Sie sich außerdem noch selbst fragen, ob Sie womöglich eigene aggressive Tendenzen Ihrer Partnerin unterstellen. Also insgesamt eine komplizierte Geschichte.

Indirekte Aggression ist erkennbar an einer Mischung aus liebevollem und zurückweisenden Verhalten, bei dem Sie sich wie in einer Zwickmühle fühlen und sich selber fragen: *»Ist an meinem Gefühl nun was dran oder spinn ich? Was wird hier eigentlich gespielt?«* Sie brauchen viel Vertrauen in Ihre eigene Wahrnehmung, um indirekte Aggression zu erkennen.

## Beispiel: Keine Zeit für Uta

*Jens und Uta kennen sich seit einem halben Jahr. Uta ist beruflich sehr erfolgreich und deshalb viel beschäftigt und oft auf Reisen.*
*Jens hat einen eher ruhigen Job und möchte mehr Zuwendung von Uta, sagt das aber nicht. Vielleicht fällt es ihm sogar schwer, sich bewußt einzugestehen, wie sehr er Uta braucht und vermißt. Er hat gelernt, daß Männer sich stark und unabhängig fühlen müssen.*
*Seit einigen Wochen hat Jens immer häufiger gerade keine Zeit, wenn Uta Zeit für ihn hätte. Es scheint sich rein zufällig so zu ergeben, daß die freien Tage und Wochenenden der beiden halt nicht zusammenfallen. Uta ist deswegen sehr frustriert und kann sich nicht erklären, was los ist. Sie spürt Jens' untergründige Enttäuschung und Wut an Bemerkungen, die er ihr gegenüber macht (»Du hast auch immer keine Zeit für mich, jetzt bin ich halt auch beschäftigt«), er leugnet sie aber ab.*

Es kann ziemlich mühsam für die beiden werden, zu klären, ob und was hinter diesen scheinbaren Zufällen steckt. Vielleicht ist es Jens möglich, in einem offenen Gespräch, in dem Uta sich bemüht, einfühlend zuzuhören und ihre Wahrnehmung und ihre Gefühle zu beschreiben, seine Enttäuschung über Utas häufige Abwesenheit einzugestehen.

Selbstverständlich wäre es noch besser, wenn beide sich einfühlend zuhören würden; manchmal ist es jedoch so, daß einer der Partner mehr Entgegenkommen und Einfühlung braucht, um verleugnete Gefühle zulassen zu können. Die Offenlegung verleugneter Gefühle ist ein wesentlicher Fortschritt, denn danach kann es nicht mehr nach dem alten Muster – nur versteckt spüren zu lassen, daß etwas nicht stimmt – weitergehen.

Nur jemand, der sich sehr verletzlich und minderwertig fühlt, wird über längere Zeit bereit sein, sich verrücktmachendes Verhalten, also indirekte Aggression, von jemandem gefallen zu lassen. Typische Reaktionen der Hilflosigkeit auf indirekte Aggression sind: sich innerlich zurückziehen oder plötzlich und unvermittelt zu »explodieren«, da man sich anders einfach nicht mehr zu helfen weiß.
Um sich aus dem vielschichtigen Abhängigkeitsverhältnis einer solch destruktiven Beziehung zu lösen, ist es häufig notwendig, therapeutische Unterstützung zu suchen. Die Beziehung ohne Klärung des Abhängigkeitsmusters zu beenden, ist meist nur eine Scheinlösung, da wir solche Beziehungsmuster leicht wiederholen.

# Immer wieder: »Annäherungs-versuche«

Ich möchte diese Einführung ins Faire Streiten mit einer Ermunterung abschließen:
Vielleicht fühlen Sie sich, wie viele andere Menschen auch, am Anfang überfordert, wenn Sie die Fair-Streit-Regeln in Ihrem Alltag umsetzen wollen. Wir brauchen Geduld und Nachsicht mit uns selbst, wenn wir entdecken, wie wir immer wieder in alte Muster zurückfallen.

Am Anfang konzentrieren Sie sich am besten auf einen bestimmten Aspekt des Fairen Streitens und richten Ihre Aufmerksamkeit im Gespräch zunächst darauf. Zum Beispiel können Sie sich vornehmen, auf Situationen zu achten, in denen Sie statt wie bisher schnell einen Ratschlag zu geben oder Fragen zu stellen, einfühlend zuhören.
Oder Sie achten bewußt auf alle Du-Botschaften, die Sie aussprechen und zu hören bekommen, ohne schon den Anspruch zu haben, sich perfekt in Ich-Aussagen auszudrücken.

Wenn Sie die Fair-Streit-Regeln Schritt für Schritt anwenden, werden Sie beobachten, daß Gespräche intensiver und befriedigender werden - für Sie und für Ihren Partner oder Ihre Partnerin.
Unsere Bemühungen, klarer und einfühlsamer miteinander zu reden, werden häufig »Annäherungsversuche« im doppelten Wortsinn bleiben - und das ist völlig in Ordnung. Es geht vor allem darum, unsere Selbstgerechtigkeit (*»Wenn sie/er bloß anders wäre«*) loszulassen. Wir haben viel erreicht, wenn wir wenigstens eine Ahnung bekommen von den Fallstricken unserer alltäglichen Verständigungsbemühungen und wieviel wir selber dazu beitragen können, ein Klima von Liebe, Vertrauen, gegenseitiger Wertschätzung und Akzeptanz zu schaffen.

## »Zwiegespräche« zur Vertiefung der Beziehung

*Die kleinste Selbsthilfegruppe
besteht aus zwei Personen,
die miteinander ein wesentliches
Zwiegespräch führen.«
(M. L. Moeller)*

Ich möchte Ihnen noch eine Möglichkeit vorstellen, wie Sie durch eine spezielle Form des partnerschaftlichen Gesprächs, das regelmäßige Zwiegespräch, Ihre Beziehung vertiefen können.
Die Struktur wurde entwickelt und erprobt von Michael Lukas Moeller, Psychologie-Professor in Frankfurt und Autor des Buches »Die Wahrheit beginnt zu zweit«.

Professor Moeller nennt Zwiegespräche einen »wechselseitigen Austausch von Selbstporträts«, mit denen Sie sich einander einfühlbar machen und Ihre Beziehung zueinander stärken. Damit Ihre Zwiegespräche erfolgreich sind, empfiehlt er folgenden Rahmen und Ablauf:

### Der äußere Rahmen

Die Regelmäßigkeit ist eine Voraussetzung für den Erfolg und unterscheidet Zwiegespräche von anderen intensiven Gesprächen.

- Einmal wöchentlich wäre am besten, doch auch alle zwei Wochen ist schon ein guter Anfang. – Gemeinsam feste Zeiten und Ersatztermin ausmachen, falls der erste Termin mal ausfällt.
- Bei der Festlegung des regelmäßigen Termins und Ersatztermins soll keiner von Ihnen auf etwas verzichten müssen, das ihm wichtig ist.
- Als Dauer mindestens eineinhalb, aber nicht mehr als zwei Stunden.
- Pünktlich anfangen und aufhören, denn Zwiegespräche sollen sich nicht endlos hinziehen, sondern einen verbindlichen Zeitrahmen haben, sonst entsteht leicht Überdruß.
- Zwiegespräche sollten an einem ruhigen Ort und zu einer Zeit stattfinden, wo Sie nicht mit Störungen rechnen müssen – wenn Sie Kinder haben, also am besten abends.

### Die innere Struktur

Die innere Struktur unterscheidet das Zwiegespräch von einem gewöhnlichen Gespräch.

- Erzählen und beschreiben Sie, was Sie im Augenblick bewegt und was Sie fühlen:
Wie erlebe ich mich im Moment?
Wie erlebe ich Dich im Moment?
Wie erlebe ich unsere Beziehung?
Wie erlebe ich mein Leben?

## Immer wieder: »Annäherungsversuche«

• Sprechen Sie über das, was spontan in Ihnen auftaucht. Vermeiden Sie – anders als im partnerschaftlichen Klärungsgespräch - Diskussionen über ein festes Thema, denn das führt von Ihrem momentanen Erleben weg.

• Achten Sie darauf, daß jeder von Ihnen gleich viel Zeit mit Reden und Zuhören verbringt. Das kann bedeuten, daß derjenige, dem das Sprechen leichter fällt, auch mal schweigt und dem anderen Zeit läßt, »in Fahrt zu kommen«.

• *Keine Fragen - keine Ratschläge – jeder spricht über sich selbst.* Diese Regel hat sich in vielen Selbsthilfegruppen bewährt. Beim Eingehen auf Fragen, selbst wenn es nur Verständnisfragen sind, verliert der Sprechende leicht den Faden, auch wenn es nur für einen kleinen Moment ist.

• Jeder bestimmt selbst, worüber er sprechen will, es geht nicht darum, Informationen aus dem anderen »herauszukitzeln«. Auch Schweigen und Schweigenlassen gehört zum Zwiegespräch.

Damit Sie sich für die Entwicklung Ihres Fair-Streit-Verhaltens weitere Anregungen holen können, folgen jetzt:

- Ein Glossar zum schnellen Nachschlagen,
- Literaturhinweise,
- Adressen, an die Sie sich wenden können.

# Faires Streiten auf einen Blick

# Die wichtigsten Regeln und Begriffe von A – Z

Zum Nachschlagen ein Überblick über wichtige Begriffe und Regeln des Fairen Streitens.

### Abwehr

Als Abwehr wird beim Fairen Streiten alles angesehen, was nicht dazu dient, einen Konflikt zu lösen. Abwehr kann sich ganz unterschiedlich äußern: in aggressiven oder selbstabwertenden Formulierungen, in Vorwürfen, Rechtfertigungen, aber auch in rationalen Argumenten und getarnt in Ratschlägen oder Tröstungsversuchen sowie in Schweigen.

### Abwertung

Abwertungen erkennen Sie an der abfälligen Bewertung anderer Personen und an übertreibenden Formulierungen wie *immer, nie, schon wieder, ständig, typisch, wenn Du wenigstens* und Verallgemeinerungen mit *man, ihr, wir.* Sie können sich auch selbst abwerten, wenn Sie konfrontieren, indem Sie Ihr Anliegen abschwächen mit Wörtern wie *eigentlich, vielleicht, ein bißchen, etwas* oder indem Sie sich unnötigerweise entschuldigen.

### Aggression

Zwei Tendenzen von Aggression lassen sich unterscheiden: *Konstruktive Aggression* beinhaltet Information - Selbstbehauptung - Veränderung.

*Feindselige Aggression* ist gekennzeichnet durch das Ansammeln negativer Gefühle, »Schläge unter die Gürtellinie« und indirekte Aggression.

### Ärger

Ärger ausagieren bedeutet, andere als Ursache für eigenen Ärger zu sehen und zu versuchen, sie irgendwie zu bestrafen – durch Schimpfen, Schmollen, Türenknallen usw. Versuchen Sie, Ihren Ärger direkt auszudrücken, zum Beispiel indem Sie konfrontieren.
(→ »Gefühle«)

### Bedürfnis

Eine Schlüsselfrage des fairen Streitens ist: Wie wirkt sich das Verhalten einer anderen Person auf die Befriedigung Ihrer Bedürfnisse aus? Werden Sie durch ihr Verhalten in der Befriedigung eines Bedürfnisses beeinträchtigt? In diesem Fall besteht eine Störung oder ein Bedürfniskonflikt.

### Bedürfniskonflikt

Zwei Vorgehensweisen zur Lösung von Bedürfniskonflikten lernen Sie in diesem Buch kennen:

- Das *Konfrontationsgespräch* geeignet zur Konfrontation störenden Verhaltens einer anderen Person, welches Sie in der Befriedigung eines Ihnen wichtigen Bedürfnisses behindert.
(→ »Konfrontieren«)

## Die wichtigsten Regeln und Begriffe von A – Z

• *Das partnerschaftliche Klärungsgespräch*
besonders geeignet für Konflikte in der Partnerschaft, wenn beide bereit und fähig sind, einander zuzuhören und sich für die Klärung eines Konflikts Zeit zu nehmen (→ »Klärungsgespräch«)

### Du-Botschaft
Das Kennzeichen einer Du-Botschaft ist nicht, daß sie mit »Du« beginnt, sondern die Beurteilung und Abwertung einer anderen Person.

### Einfühlendes Zuhören
Einfühlend zuhören heißt, wohlwollend zuhören und zurückspiegeln, was Sie an Gefühlen und Bedürfnissen hören und wahrnehmen (über Stimme, Mimik und Körperausdruck) und nicht mehr hineinlegen als gesagt wurde.

### Faires Streiten
Faires Streiten heißt zusammengefaßt:

- In Ich-Aussagen statt in Du-Botschaften sprechen
- Gefühle und Bedürfnisse ausdrücken
- Andere nicht abwerten oder beschuldigen, sondern die Problemsituation oder das störende Verhalten beschreiben
- Einfühlend zuhören, insbesondere bei Abwehr und Du-Botschaften anderer
- Keine Verhaltensanweisungen geben

### Gefühle
Nicht der direkte Ausdruck von Gefühlen schafft Probleme, sondern der indirekte. Gefühle sind stark davon beeinflußt, was wir denken oder erwarten und welche Gefühle wir uns »erlauben« zuzulassen.
Gefühle lassen sich körperlich wahrnehmen, insbesondere wenn wir uns auf die vier Grundtönungen von Gefühlen, die man elementare Gefühle nennen könnte, beschränken: *Zuneigung, Freude - Angst, Furcht - Ärger, Wut - Trauer, Abschiedsschmerz.*

### Grundvoraussetzungen für Faires Streiten
sind die Bereitschaft,

- sich Zeit zu nehmen, um über Schwierigkeiten miteinander zu sprechen,
- sich aufeinander einzustellen und sich gegenseitig Bedürfnisse zu erfüllen,
- eigenes Verhalten in Frage zu stellen und zu überprüfen.

### Ich-Aussage
Kennzeichen einer Ich-Aussage ist die Selbstöffnung durch den Ausdruck von Gefühlen, Bedürfnissen und Wünschen. Es gibt verschiedene Formen von Ich-Aussagen – in diesem Buch lernen Sie die schwierigste, nämlich die Konfrontierende Ich-Aussage, kennen. (→ »Konfrontierende Ich-Aussage«)

**Klärungsgespräch**
Bei einem partnerschaftlichen Klärungsgespräch lassen sich drei Phasen unterscheiden:
1. Die Beschreibung des störenden Verhaltens und der Bedürfnisse beider
2. Das Verhandeln über die Veränderung, die stattfinden soll
3. Das Treffen einer verbindlichen Vereinbarung.

**Kommunikationssperre → Abwehr**

**Konflikt**
Zwei Arten von Konflikten sind zu unterscheiden:
• Bedürfniskonflikte aufgrund nicht akzeptablen Verhaltens einer anderen Person, das Sie in der Befriedigung eines Bedürfnisses behindert. Die andere Person ist trotz Konfrontation nicht bereit, ihr Verhalten zu verändern.
• Wertkonflikte aufgrund nicht akzeptablem Verhaltens, das einer Wertvorstellung von Ihnen widerspricht, Sie jedoch nicht in der Befriedigung eines Bedürfnisses behindert.

**Konfrontieren**
Sie konfrontieren, um eine andere Person zu veranlassen, ein Verhalten zu verändern, das Sie in der Befriedigung eines Bedürfnisses beeinträchtigt.

Am wirksamsten konfrontieren Sie, wenn Sie:
• die andere Person nicht in ihrer Selbstachtung angreifen, sondern die Auseinandersetzung mit einer konfrontierenden Ich-Aussage beginnen
• bei Abwehr immer wieder umschalten auf einfühlendes Zuhören
• nicht inhaltlich auf die Abwehr eingehen, sondern bei Ihrem Anliegen bleiben
• erneut Ich-Aussagen machen, bis die andere Person selbst eine befriedigende Lösung findet, ohne daß Sie Verhaltensanweisungen oder »Lösungen« vorgeben

**Konfrontierende Ich-Aussage**
Mir ihr beginnen Sie eine Konfrontation. Sie ist am wirksamsten, wenn sie drei Teile enthält:
• die genaue und vorwurfslose Beschreibung des störenden Verhaltens (sinnlich wahrnehmbare Tatsachen, direkte Zitate und konkrete Beispiele)
• die Beschreibung der spürbaren Folgen oder Auswirkungen für Sie ( möglichst anschaulich und nachvollziehbar)
• die Benennung Ihres Gefühls/Bedürfnisses

### Problem

*Ihr Partner hat das Problem,* wenn sein Verhalten vermuten läßt, daß seine Bedürfnisse nicht befriedigt sind.
*Sie haben das Problem,* wenn Sie das Verhalten Ihres Partners an der Befriedigung Ihrer Bedürfnisse hindert und Sie eine Verhaltensänderung wünschen.

### Wertkonflikt

Ein Wertkonflikt liegt vor, wenn Sie das Verhalten einer anderen Person nicht akzeptieren – ohne unmittelbar davon beeinträchtigt zu werden. Wertkonflikte lassen sich nicht auf die gleiche Weise wie Bedürfniskonflikte lösen, weil Sie keine konkreten Auswirkungen nennen können.

### Wertvorstellungen

Sie sind unsere subjektive Bewertung über das, was gut und richtig ist, was »sich gehört« und was »sich nicht gehört«. Wertvorstellungen sind häufig an dem verallgemeinernden »man« erkennbar. Sie sind eine moralische Leitschnur, die wir zu einem Großteil anerzogen bekommen haben und die wir als Erwachsene neu überprüfen sollten.

# Zum Nachschlagen

## Literatur


Zur Vertiefung des hier vorgestellten Kommunikationskonzepts:

Linda Adams/E. Lenz
*Frauenkonferenz*
Heyne TB

Thomas Gordon
*Familienkonferenz;*
*Neue Familienkonferenz;*
*Familienkonferenz in der Praxis*
alle Heyne TB
(vom selbem Autor auch:
*Managerkonferenz*
*Lehrer-Schüler-Konferenz)*

George R. Bach/P. Wyden
*Streiten verbindet*
Fischer TB

George R. Bach/H. Goldberg
*Keine Angst vor Aggression*
Fischer TB

**Zur weiteren Vertiefung:**

Steven Farmer
*Endlich lieben können;* rororo

John Gray
*Männer sind anders. Frauen auch*
Goldmann TB

Sherod Miller u.a.
*Gespräche selbstsicher und ebenbürtig führen*
mvg

Michael Lukas Moeller
*Die Wahrheit beginnt zu zweit;*
*Die Liebe ist das Kind der Freiheit*
rororo

Julia Onken
*Das verborgene Glück,* Beck

Friedemann Schulz von Thun
*Miteinander reden 1*
*Miteinander reden 2*
rororo

Hal und Sidra Stone
*Wenn zwei sich zu sehr trennen...*
Verlag Simon Leutner

Tannen, Deborah
*Du kannst mich einfach nicht verstehen*
Goldmann TB

## Adressen, die weiterhelfen

Hier einige Hinweise, wohin Sie sich wenden können, wenn Sie Faires Streiten lernen oder mit fachkundiger Begleitung einen Paarkonflikt bearbeiten möchten.

**Seminare zur persönlichen Entwicklung und beruflichen Fortbildung:**

FAIRE KOMMUNIKATION
Karin Mager, Diplom-Psychologin
Destouchesstr. 71
80796 München
Tel. 089/308 69 34

Odenwald-Institut
Trommstr. 25
69483 Wald-Michelbach
Tel. 062 07/50 71

Osterberg-Institut
Am Hang
24306 Niederkleveez
Tel. 045 22/99 29-0

Mediation e.V.
Rosenanger 20
31595 Steyerberg
Tel. 057 64/12 06

(Über diese Adresse können Sie auch das *Infoblatt Mediation* erhalten, mit einem ausführlichen Adressen- und Veranstaltungsteil. Bitte frankierten DIN A5 Rückumschlag beilegen)

Seminare mit Dr. Marshall Rosenberg, »Gewaltfreie Kommunikation«
Organisation für München:
Isolde Teschner
Pienzenauer Str. 50
81679 München
Tel. 089/98 06 49
(Auch Skriptversand)

**Partnerschaftsprobleme**

Beratungsstellen von Pro Familia, des Diakonischen Werkes, der Caritas oder städtische Einrichtungen. Für diese Beratung wird gewöhnlich - wenn überhaupt – eine Eigenbeteiligung nach Selbsteinschätzung verlangt.
(Adressen siehe örtliches Telefonbuch)

Auskünfte zu Eheberatungseinrichtungen in ganz Deutschland erteilt die DAJEB (Deutsche Arbeitsgemeinschaft für Jugend- und Eheberatung)
Neumarkter Str. 84 c
81673 München
Tel.: 089/436 10 91

# Register

# Register / Impressum



## Bildnachweis:

**Coverfoto**
Tony Stone Bilderwelten / Dan Bosler

**Fotos im Innenteil:**
Fotoproduktion:
independent, Lucy S. Wiedner
Fotograf: Bernhard Rohnke
Assistenz: Michael Mann
Make-up und Haare: Jennifer Mohr für Agentur Mierau
Styling: Christina Neu
Für die freundliche Unterstützung danken wir der Firma Kandis & KandisMann, München

**weitere Fotos:**
Stephan Wagner: Seite 16, 32, 54, 81

1. Auflage 1994


Redaktion: Verena Zemme
Lektorat: Gesa Gunturu B.A.
Gestaltung: Marcus von Hausen
Layout, Typografie und Gesamtherstellung: BuchHaus.Robert Gigler.GmbH, München
Druck: Wagner, Nördlingen
Bindung: VSB, Lohhof

ISBN: 3-7742-2282-7